週3レシピ

家ごはんはこれくらいがちょうどいい。

山口祐加

実業之日本社

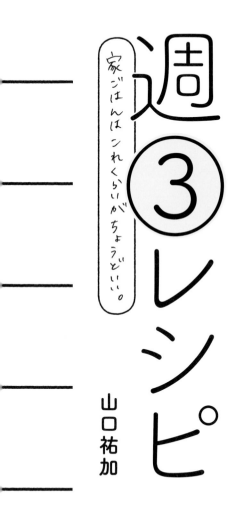

はじめに

山口さん

自炊する人を増やすために活動する料理家。
食のライター。
料理はもちろん、外食も大好き。好物は味噌汁。

平野くん

料理ができない男の子。東京で一人暮らし中。
ベンチャー企業勤務で、帰宅が深夜になることも。
コンビニご飯に飽きてきた。

半年で「料理ができる」ようになった男の子

とある食事会で出会った平野くんと山口さん。
話題は自炊のおはなしに。
「最近、買い食いも飽きたし自炊ができるようになりたくて。
これまでも何度か挑戦してきたけど、食材が余っちゃって、結局捨てちゃう。
外食のほうが楽だし、捨てなくていいしって思うと、なかなか続かないんだよなぁ」
「わかる、とくに一人暮らしだと使い切るの大変だよね。
食材が余らないように組み合わされているレシピがあったら、できそう？」

「それでもやっぱり毎日は難しいかも。

週3くらいで、疲れて帰ってても時間かけずにできるなら、続くかもしれない。

あ、あと僕でも普通においしくできたら！」

「週3日で食材を使い切れて、だれでも作れて、しかも、おいしい……」

「……都合よすぎ？」

「いやいや。ちょっと考えてみるよ！」

週3レシピは、こんな会話から誕生しました。


ファッション雑誌の着回しコーデのように「旬の食材と定番食材の合わせて8種類ほどの材料を買い、週3日の自炊で使い切るためのレシピ」＝週3レシピと題して、一年分の食材使い切りレシピをまとめたのがこの本です。

では果たして、この本を実践すると、どのようにして無理せず自炊ができるようになるのか？

次のようにあらすじを描いて、週3レシピは構成されています。

あなたも「料理が苦手ループ」にはまっていませんか？

平野くんと出会って以来、私は「自炊が苦手」と話す人に「なぜ苦手と感じるのか」を聞いてみることにしました。すると、その多くが

ネットで検索してレシピを見る

⬇

材料をすべて揃える

⬇

料理してみるけれど、レシピの文中に曖昧な表現や用語が出てきてイライラする

⬇

とりあえず作って食べたはいいけど片付けが面倒

⬇

残り食材が冷蔵庫で沈黙

⬇

腐らせて捨てる。もったいない

←

買ったほうがいろいろと楽で結果コスパ良い

のループにはまっていたのです。

それならば

元から買った材料が使い切れる献立を組んでレシピ提案する

←

できるだけ曖昧な表現は避け、工程写真が多いレシピを作る

←

一汁一菜の組み合わせにし、極力片付けを減らす

←

使い切りのレシピなので残り食材がなく、冷蔵庫がスッキリ！

←

「なんだ、やればできるじゃん！」

のループにできないものか、という試みが週3レシピです。

戻ってくる場所は、自分でつくる料理

自炊をするということは「買う↓作る↓食べる↓片付ける↓食材を管理する↓買う」のループを回すことです。

それに加えて、お財布事情やその日の体調、冷蔵庫の残り物とも相談しなくてはなりません。

外食で済ませたり、ぱっと買って食べたりするほうがずっと楽ですし、私はそれを否定する気はさらさらありません。私もよく外食しますし、買い食いします。

でも戻ってくる場所は、自分で作る料理です。

名もなき料理や地味なおかずに、気持ちがほっとする。毎日でも食べたいのは、外食のようなかっこよさや派手さはないけれど、「お腹と心がやすらぐ料理」ではないでしょうか。

たくさんの食材を使ったり、いろいろな調味料を組み合わせたりすることだけが料理ではありません。

素材を活かした素朴な料理は、野菜の味がよく感じられたり、ちょっとの工夫でガラッと印象が変わったりして、飽きることがないのです。

脳を刺激するようなおいし〝すぎる〟料理ではなく、ほっとするほどほどにおいしい料理。

そんな料理を作る人が増えたらいいな、と思っています。

「料理して食べる」で満たされるものは、胃袋だけじゃない

自炊を続けることは、自分の身体と心を世話して、生きていく自信をちょっとずつ積み上げる営みです。

それは、「絶対に倒れないジェンガ」を積み上げている感覚に近いのです。

今日自炊した経験は、明日やらなかったからといって消えたりしない。

ひとつずつ確実に積み重ねられていき、誰かに崩されたり、横取りされたりもしません。

「今日は料理できた」という事実の積み重ねが、間が空いたとしても、いつのまにか生きる力につながっていく、と私は思っています。


この本を手に取った方が、週3レシピを実践し「自分で料理するってこんなにシンプルで、自由で、楽しいんだ！」と感じてもらえたら、これほど嬉しいことはありません。

さぁ、難しいことは考えず、好きな食材の月から材料を買ってみて、まずは3日分作ってみてくださいね。


ようこそ、楽しい自炊の世界へ。

もくじ

「きゅうりに味噌」も立派な自炊

「料理」という言葉を耳にしたとき、どんな工程を想像しますか？ まずレシピを見て、食材を買いそろえて、キッチンを整えて、食材を切って、火を通して、調味料を組み合わせて味をつけて……。

そう考えるとつい「買ったほうが手っ取り早いな」と思うことはないでしょうか。

私の感覚値ですが、たくさんの材料を使ったり、調味料を組み合わせたりすること＝料理だと思っている人が、少なくないような気がします。

もちろんそういった料理もありですが、毎日手の込んだ料理を作っていては続かないですよね。無理せずに自炊をしたいと思っているからこそ、この本を手に取ってくださったはずです。

辞書を引くと「料理とは、材料に手を加えて食べ物をこしらえること」とあります。それならきゅうりを味噌に「つけて」食べるのも料理ですし、冷やしトマトだって「切って」味をつけた立派な一品です。最初から材料や工程の多い料理にチャレンジするのではなく、食材と料理の合い間にあるような「食材をおいしく食べるために手を添えた」程度の食べ方をやってみると、その先の料理が身軽にできるようになります。

私は、家庭料理を代表するオムライスやハンバーグなどのそれなりに手間のかかる料理は、もう今の時代、毎日作るには重たいと感じています。

忙しい中で、少しでも自炊したいと思っている人には「料理の軽量化」が必要です。ただ「手抜きしよう」ということではなく、「ここさえ抑えればおいしくできる」のポイントが絞られているシンプルな料理を作ることが大切なのです。

そのように、気軽な気持ちでできる料理を、私は「軽量化した料理」と呼んでいます。

例えば、野菜炒めを作るとき。買い物の時点で「野菜炒めだからいろんな野菜を入れないと……」と買いすぎると、結局使い切れず捨ててしまう、なんてこともあります。

それなら、野菜炒め用のカット野菜を買ったらいいのです。いろんな野菜が入っている上に、火が通りやすいサイズに切られているのでそのまま料理に使えます。しかも、だいたい一人前量なので余ることもない。いろんな野菜を買いそろえたり、細かく切ったりするよりも、カット野菜を使った方が気軽に料理できそうな感じがしませんか？

慣れてくると、食材を買いそろえたり、食材を切ったりすることも面白く感じて、料理そのものが楽しくなってくるはずです。

工程の少ない料理と多い料理、どちらのほうがいい悪いという話ではなく、使い分けが大切。さっと料理したいときは、食材をシンプルに焼いたり煮たり和えたりして食べる。週末など時間のあるときは、いつもより時間をかけたり、特別感のある料理を作ったりするのがいいんじゃないか？　というのが私の提案です。

難しく考えず、目の前の食材をどうやっておいしく食べよう？と考えてみてください。

作る順番について

食べごろを逃さない手順

今から食べるぞというときに、炒め物や汁物は温かく、サラダや和え物は冷たくあってほしいですよね。おいしい温度で食べられるかどうかのポイントは、作る順番です。一汁一菜は2品の組み合わせで、一汁を先に作るか一菜を先に作るかの二択から選べばいいだけ。

この本では右ページから左ページへ作れば、ちょうどいい温度で食べられるようにページを組み合わせています。一冊コンプリートすれば、自然と何から作ればいいのかをマスターできるはずです。

汁物が後

サラダや和え物、常温になってもおいしく食べられる煮物や常備菜は先に作って、温かい汁物に取りかかりましょう。煮物は冷めていくことで味がなじむので、よりおいしくなります。

一汁 ← 一菜

汁物が先

炒め物や麺物はできたて熱々で食べたいので、汁物は先に作っておいて食べる寸前で温め直しましょう。

一菜 ← 一汁

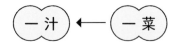

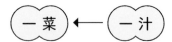

使いやすいキッチン

少しの工夫で快適に

料理をはじめる前に、まずキッチンを整えておくと料理が抜群にはかどります。

めんどくさいな……と思うかもしれませんが、いざ整えてみると「今まで料理が億劫だったのは、キッチンがごちゃっとしていたからだ」と気づくかもしれません。

①〜⑤まですべてとは言いませんので、できるところからやってみましょう。

本書に出てくる調理器具

- 片手鍋（直径16cm、深さ6cm）
- 深めのフライパン（直径24cm）
- シリコンベラ
- 包丁
- まな板
- ボウル
- ざる
- ピーラー
- 菜箸
- おたま
- トング
- おろし金
- 計量スプーン、計量カップ
- 電子レンジ
- 炊飯器

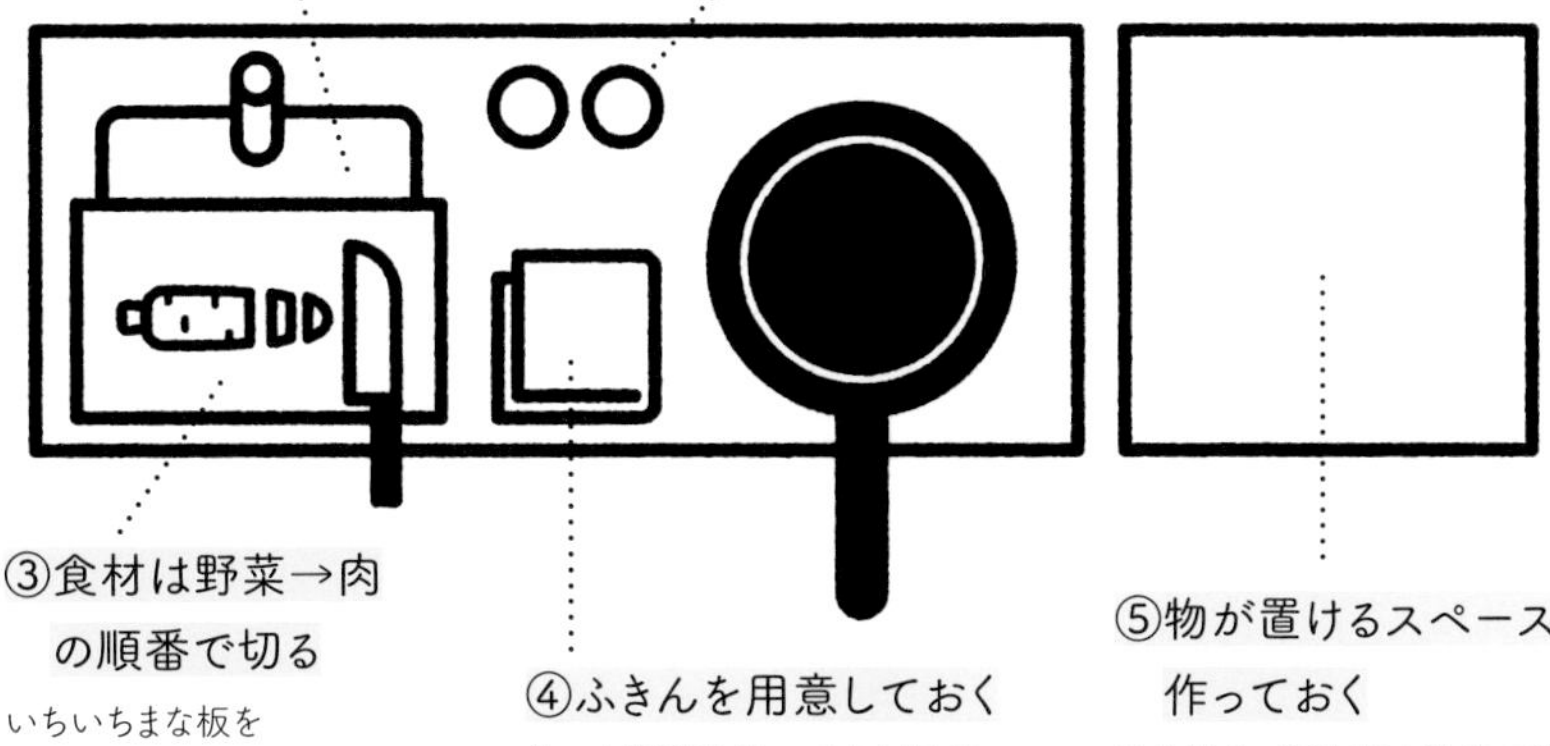

②シンクのなかは空っぽに
使い終わったボウルや
フライパンが入れられる
①料理に使う調味料、
調理器具を出しておく
料理中に慌てずにすむ
③食材は野菜→肉
の順番で切る
いちいちまな板を
洗わなくていい
④ふきんを用意しておく
洗った野菜を置いてまな板が
濡れてしまっても
ふきんで拭けば元どおり
⑤物が置けるスペースを
作っておく
皿を置く、温め直す汁物の鍋を
置くスペースがあれば、
料理中のバタバタを防止できる

本書の使い方

本書は毎月1つの食材をテーマに、いくつかの野菜と肉などを組み合わせて週3回の一汁一菜を作れば食材を使い切れる構成にしています。

ごはんに合うおかずを選んでいるので、ぜひごはんと一汁一菜の組み合わせで食卓を作ってみてください。

◎食材リスト

3回の自炊で使い切れる食材リスト。基本的には1人前の量ですが、翌日もおいしく食べられるものは、少し多めの量になっています。2人分なら食材を2倍にしてください。

◎常備調味料・乾物 ※選び方のコツは144ページ参照

食材リストに記載していない、常備しておく調味料です。「さしすせそ」＝砂糖、塩、酢、醤油、味噌。胡椒、みりん、清酒、ごま油、オリーブオイル、顆粒鶏がらスープ、顆粒コンソメ、塩昆布、干し小エビ、かつお節、ごま。「油」とだけ記載している場合は、サラダ油や米油などクセのない油を使うほうがベターですが、ない場合はごま油、オリーブオイルでもよいです。

◎＋αの調味料

常備調味料以外に必要な調味料（にんにくチューブ、めんつゆ、マヨネーズ、レモン果汁など）。

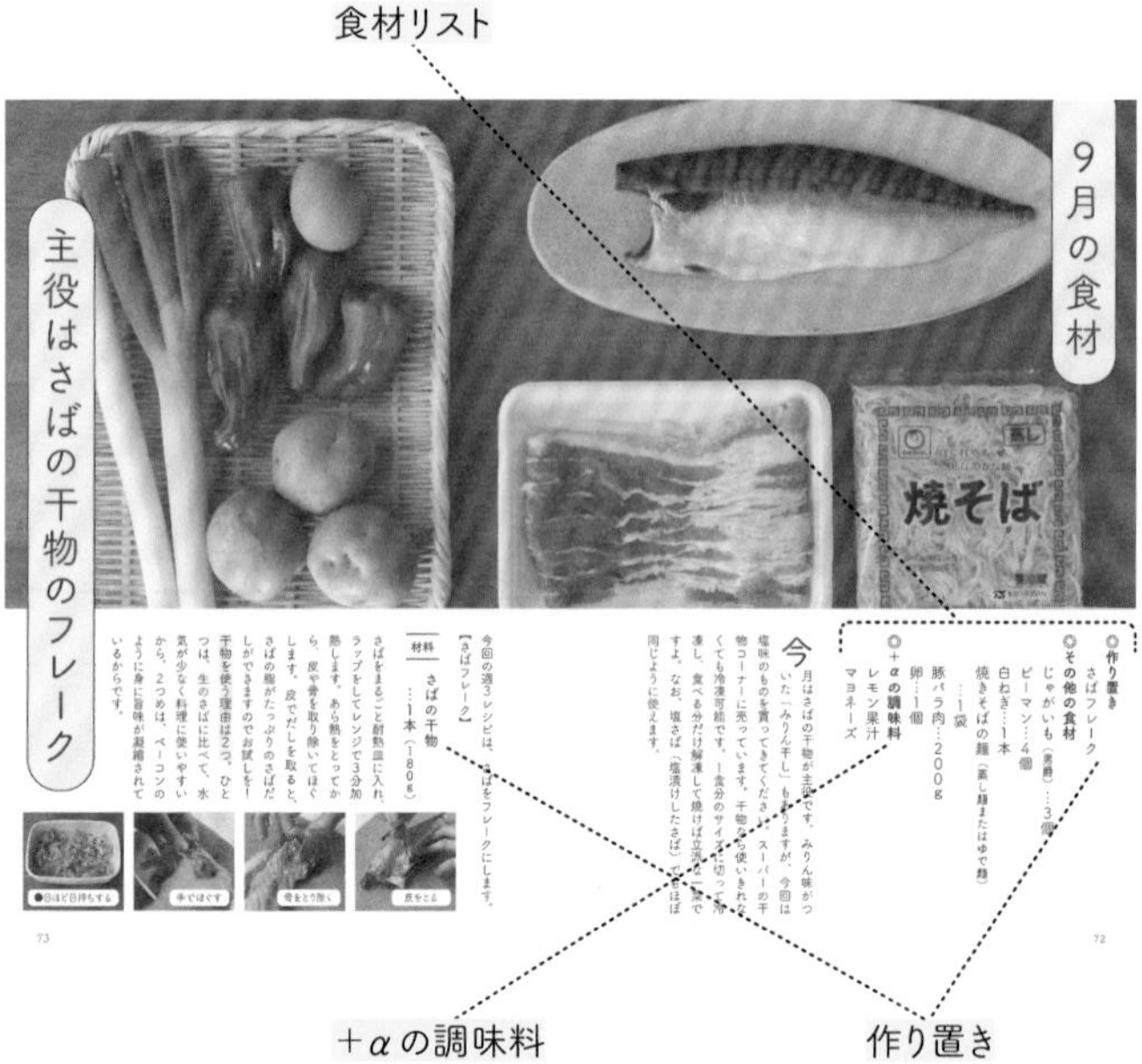
食材リスト
9月の食材
主役はさばの干物のフレーク
焼そば
＋αの調味料
作り置き

◎**作り置き**
アレンジ自在の作り置きは最初に作っておきましょう。

◎**3日分の順番**
調理時間は基本的に、1日目、2日目については15～20分程度で作れるもの、3日目については長くても45分（煮込んでいる時間が大半）あれば作れるものにしています（先に準備が必要な作り置き系を除く）。

◎**レシピ**
野菜を洗ったり、ヘタを取るなどの工程は省いています。適宜行ってください。ちなみに皮には、傷があったり、古くなっていたりしない限り私はむかないことが多いです。お好みで行ってください。

◎**右ページから作ろう**
一口コンロで作れるように右ページの料理を先に、左ページの料理を後に作ると、温かいものは温かく冷たいものは冷たく食べられるようになっています。

◎**代用食材について**
2週目以降で代用食材を使う際の注意点。

【その他】
◎計量の単位は大さじ1＝15㎖、小さじ1＝5㎖。すりきり一杯の量です。
◎本書の「だし」では、顆粒の昆布だし（無塩）を使用しています。味噌汁200㎖に対して顆粒だしひとつまみ（約1g）を入れるとちょうどよい濃さになりますが、足りなければ適宜調整してください。昆布だしに限らず、かつお節だしや煮干しだしなどお好きなものをお試しください。
◎本書では初心者の方でも再現できるように、厳密に調味料を計量していますが、慣れてきたらお好みで味や食材のサイズを自由に調整してください。

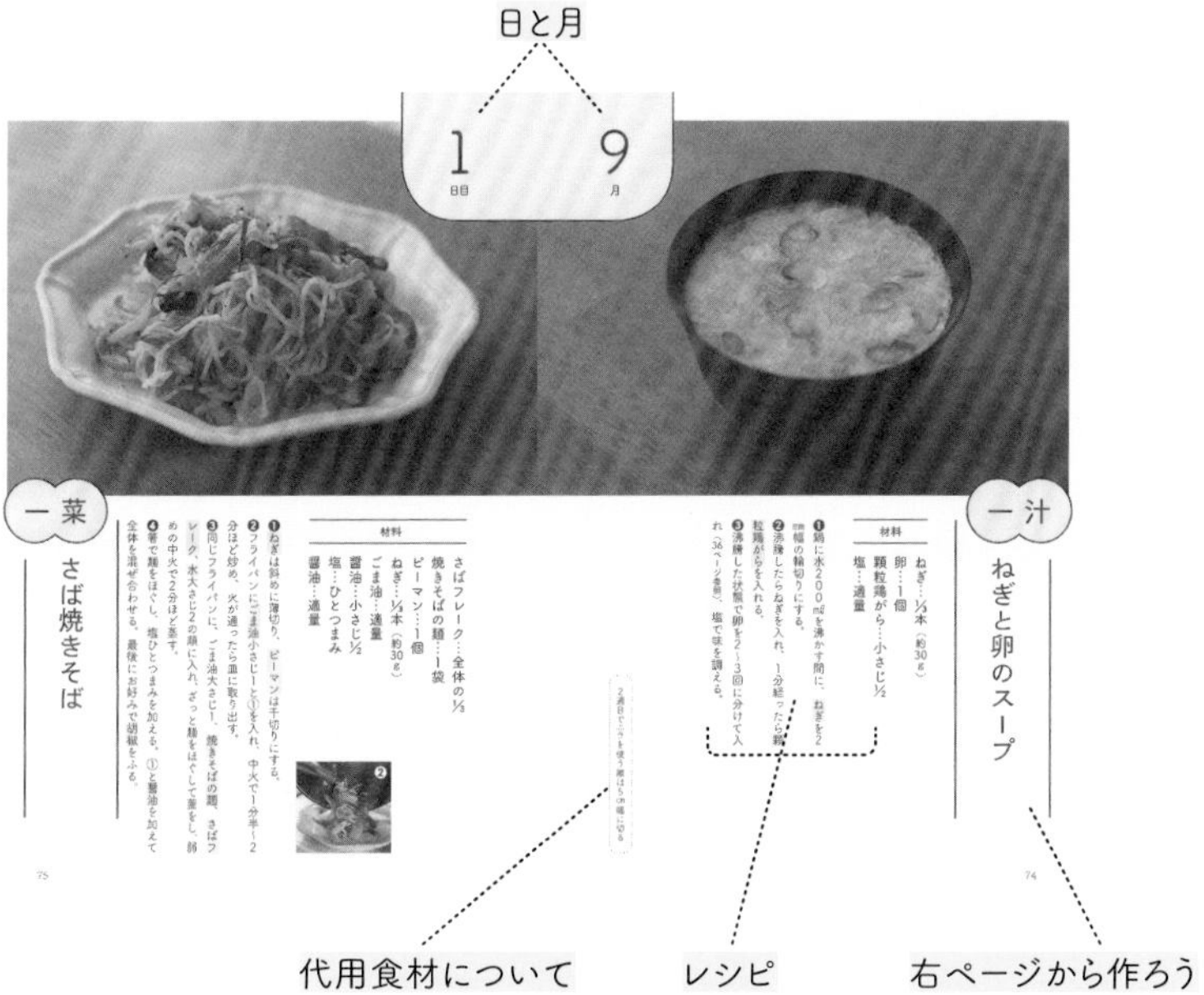
日と月
1
9
一汁
ねぎと卵のスープ
一菜
さば焼きそば
代用食材について
レシピ
右ページから作ろう

4月は、
トマト

	一汁		一菜
1日目	 トマトとさば缶の レンチン煮込み	＋	 新玉ねぎのサラダ
2日目	 アスパラガスと 新玉ねぎのスープ	＋	 トマト卵炒め
3日目	 ベーコンエッグ味噌汁 ＋アスパラガス	＋	 トマトサラダ 新玉ねぎドレッシング
2週目以降	アスパラガスをブロッコリーに、 さば缶をいわしの煮付け缶に代える。		 

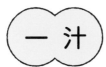

とろけるチーズは余ったら冷凍で3週間ほど保存できる。チーズトーストにしたり、焼いた野菜にのせたりするとおいしい

4月の食材

◎**旬の食材**
大玉トマト…3個
アスパラガス…1束（5～6本）
新玉ねぎ…1個

◎**その他の食材**
さばの味噌煮缶…1缶
とろけるチーズ…1枚
ハーフベーコン…1パック
卵…3個
かつお節

◎**＋αの調味料**
レモン果汁

主役は真っ赤なトマト

今月はトマトが主役です。そのまま食べても加熱して食べてもおいしく、食卓のさし色になってくれる野菜です。トマトの旬は夏！と思われがちですが、実は春がおいしい季節。南米の高原地帯が原産のため、昼夜の寒暖差があって湿度も高くない春の時期に味がのっておいしいと言われています（もちろん夏でもおいしいのですが）。アスパラガスや新玉ねぎも今が旬です。

トマトを選ぶポイントは3つ。

①お尻のところに白い筋が放射状に入っていること。

②真っ赤に熟していて、全体の色が均等なこと。

③ヘタがピンとしているもの。

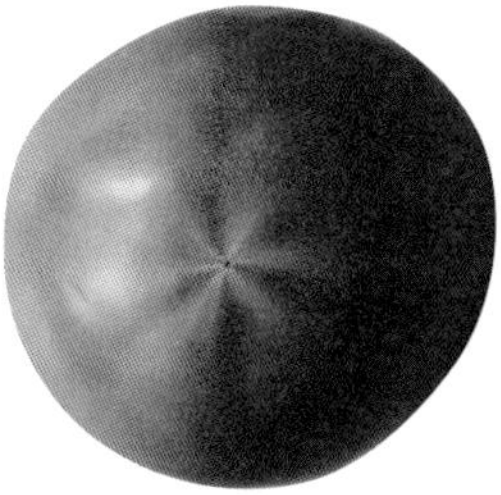

4
月

一菜

新玉ねぎのサラダ

材料

新玉ねぎ…½個
油…小さじ1
醤油…小さじ1
酢…小さじ1
かつお節…お好みの量

❶新玉ねぎはできるだけ薄く切り、3分ほど水にさらす。
❷しっかり手で水気を絞り、油、醤油、酢で和え、かつお節をのせる。

1
日目

一汁

トマトとさば缶のレンチン煮込み

材料

トマト…1個
さばの味噌煮缶…1缶
とろけるチーズ…1枚

❶トマトは一口大に切り、さばの味噌煮缶は汁を捨て手でほぐす。
❷①を耐熱容器に入れ、ラップをかけてレンジで3分加熱する。
❸②にチーズをのせ、ラップをして溶けるまで20秒ほど加熱する。

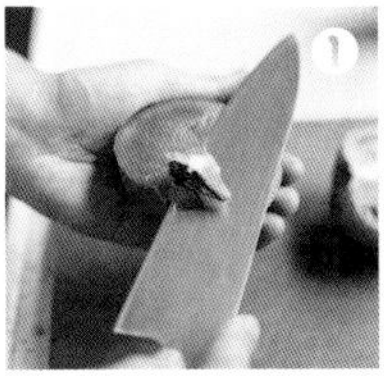

斜めに切り目を入れてヘタを落とす

缶詰の汁を入れると水っぽくなるので捨てる

4月

一汁

アスパラガスと新玉ねぎのスープ

材料

- アスパラガス…3～4本
- 新玉ねぎ…¼個
- ベーコン…3枚
- オリーブオイル…小さじ½
- 塩…ひとつまみ

❶アスパラガスは下3分の1の皮をむき5cm幅に、新玉ねぎは3mm幅に、ベーコンは1cm幅に切る。

❷鍋にオリーブオイル、玉ねぎ、ベーコンを入れて中火で3分ほど炒め、しんなりしたら塩を入れる。

❸水200mlを入れ、沸いたらアスパラガスを入れて1分ほど煮る。味が足りなければ塩で味を整える。

お好みで胡椒をふる

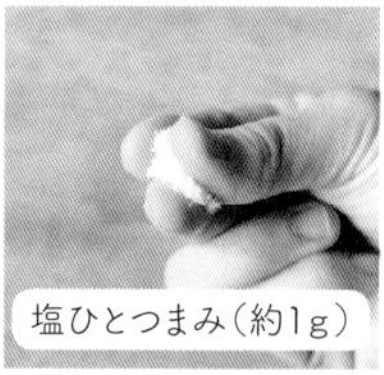

塩ひとつまみ(約1g)

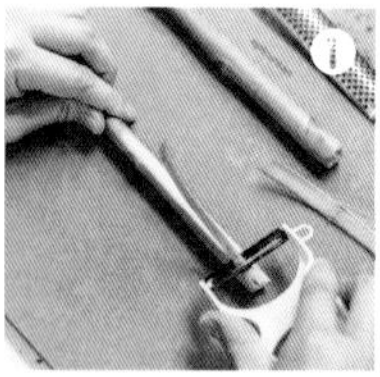

ピーラーで表面を撫でるようにするとむきやすい

卵は具であり、ソースである

熱々をすぐ食べるために、炒め始める前に盛り付け用の皿を出しておこう

2
日目

一菜

トマト卵炒め

材料

トマト…1個
卵…2個
塩…ひとつまみ
油…大さじ1

「置き焼き」とは、30秒に一度返す焼き方。触り過ぎないのがポイントです。

❶トマトはくし切りにする。卵は溶いて塩を加える。
❷フライパンに油を熱し、温まったらトマトを入れて中火で置き焼きにする。1分半経ったらひっくり返し、裏面も30秒ほど置き焼きにする。
❸トマトをフライパンの端に寄せて火を強火にし、空いたスペースに卵を流し入れる。全体をざっくり混ぜ、半熟状態になったら皿に盛る。

断面を下にして置き焼き

数秒待って卵にふんわり膜ができたら混ぜる。箸を動かしすぎると炒り卵になるので辛抱強く見守ること

4月

一菜

トマトサラダ 新玉ねぎドレッシング

材料

トマト…1個
新玉ねぎ…¼個
レモン果汁…小さじ1
オリーブオイル…小さじ2
塩…ひとつまみ

❶トマトはくし切りに、新玉ねぎはみじん切りにする。
❷切った新玉ねぎをボウルに入れ、レモン果汁、オリーブオイル、塩を加えて和える。
❸トマトを入れ、全体を和える。

お好みで胡椒も

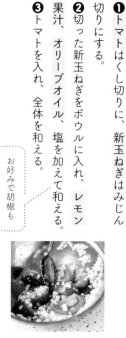

一汁

ベーコンエッグ味噌汁＋アスパラガス

材料

アスパラガス…2本
ベーコン…2枚
味噌…小さじ2
卵…1個

❶鍋に湯を200㎖沸かす。
❷アスパラガスとベーコンは24ページと同じサイズに切り、沸いた湯に入れ中火で1分加熱する。
❸弱火にして味噌を溶いたら、卵を入れて1分加熱する。盛り付けでは、先に汁、その後に具を入れ、最後に卵をのせると黄身が崩れにくい。

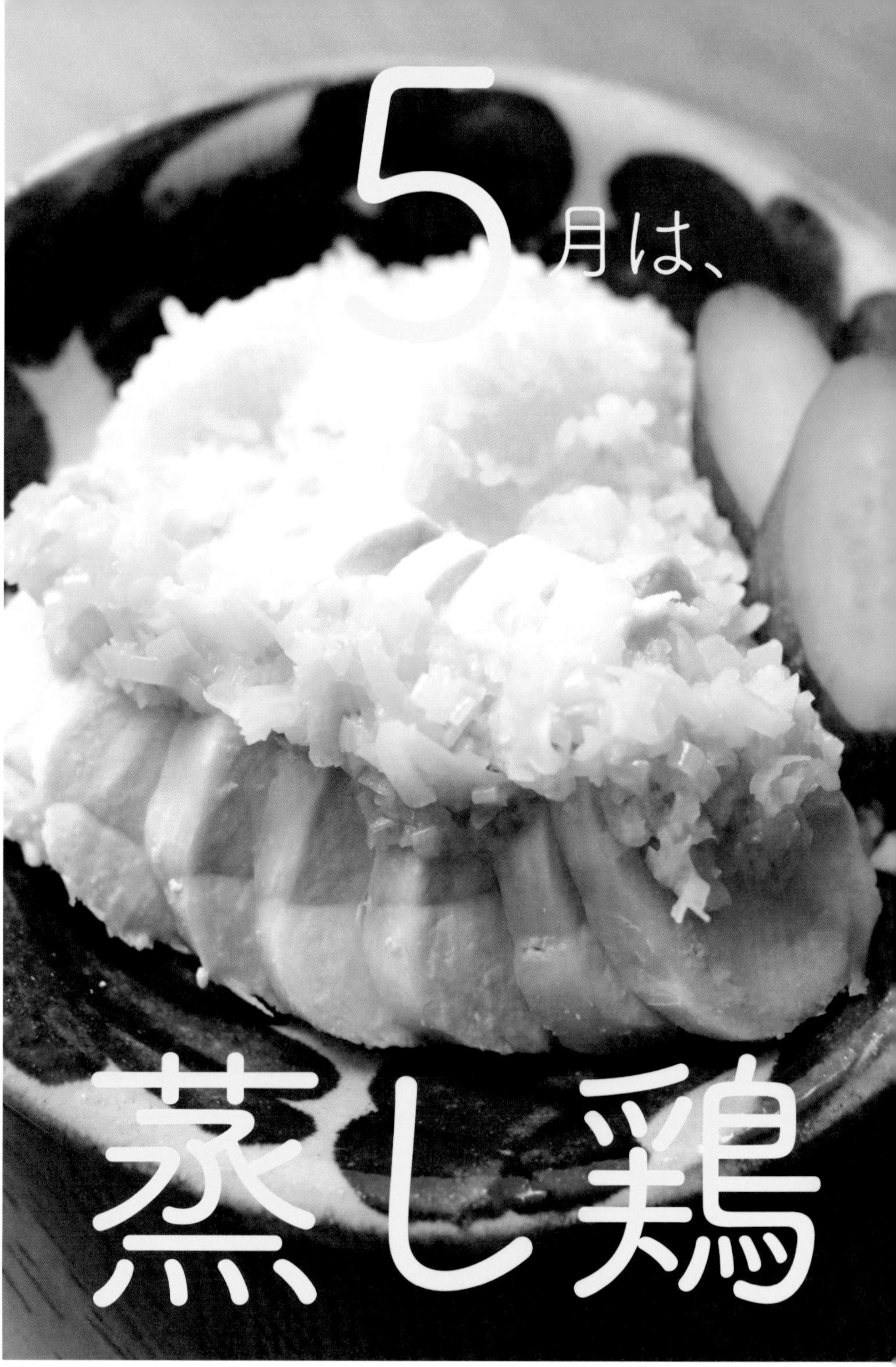

5月は、蒸し鶏

	一汁		一菜
1日目	 鶏スープ	＋	 蒸し鶏ごはん
2日目	 スナップえんどうと 卵の味噌汁	＋	 蒸し鶏と きゅうりの和え物
3日目	 蒸し鶏と スナップえんどうのスープ	＋	 にんじんと 卵の炒め物
2週目以降	スナップえんどうを絹さやに、 きゅうりをセロリに代える。		

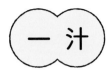

5月の食材

鶏むね肉で作るとさっぱりに、もも肉だとこってりに仕上がる

◎作り置き

蒸し鶏（31ページ）

◎その他の食材

きゅうり…1本
スナップえんどう…1袋
長ねぎ…1本
生姜…小さめの1パック（約50g）
にんじん…1本
卵…2個

今月の主役は、炊飯器で作る蒸し鶏です。炊飯器の保温モードは70度程度に保たれるので、パサつかずしっとりとした口当たりに仕上がります。そのまま食べてもおいしいうえに、様々な料理に応用できるので便利な作り置きです。

◎蒸し鶏の作り方

材料

鶏むね肉…1枚（約300g）

余裕があれば肉全体にフォークを刺して味が入りやすいようにしておく

主役は作り置きの蒸し鶏

材料

生姜の皮
…1かけ分（約20g）

中身は32ページで使用

長ねぎの青い部分…10cmほど
酒…大さじ1
塩…小さじ½
（肉に対して1%。肉300gなら3g）

300mlの湯を沸かしておく＊。その間に、生姜は皮を厚くむき、長ねぎの青い部分を用意する。炊飯器に直接鶏むね肉、生姜の皮、長ねぎ、酒、塩を入れて、沸かした湯をそそぎ、ざっと混ぜる。保温ボタンを押して1時間半待つ。炊飯器から鶏肉とスープを取り出す。鶏の旨味が出たスープは捨てずに、ボウルなどに移しておく（33ページで使用）。

＊このレシピは、3合炊きの炊飯器で作っています。それ以上のサイズを使う場合は、鶏肉が沈む量の水を沸かしてください

5月

きゅうりを添えると食感と彩りが良くなる
鶏肉に味がついているので味を濃くしすぎないように注意

一菜

蒸し鶏ごはん

材料

ねぎだれ…大さじ4（約60g）
【ねぎだれ（3日分／120g）】
長ねぎの白い部分すべて
皮をむいた生姜…約30g
ごま油…大さじ3
顆粒鶏がらスープ…小さじ½
塩…ひとつまみ

作った分の⅓をこの日使う

きゅうり…⅓本
蒸し鶏…½枚（約140g）
ごはん…茶碗1杯

❶まずはねぎだれを作る。長ねぎの白い部分はみじん切りにし、生姜はすりおろす。
❷フライパンにねぎ、生姜、ごま油を入れ、中火で焦げないようにゆっくり火入れする。2分ほど経ち、全体に火が通ったら顆粒鶏がらと塩を入れ、全体を混ぜ合わせて火を止める。
❸きゅうりは斜めに5㎜の薄切りにし、蒸し鶏は厚めに切り、ごはんとともに皿に盛る。上からねぎだれをかける。

1
日目

一汁

鶏スープ

材料

蒸し鶏のスープ…200㎖
塩、胡椒…適量

❶茶こしがあれば細かいアクを取り除きながら、スープを鍋に入れ、中火で加熱する。
❷沸いてから1分加熱し続け、酒のアルコール分を飛ばす。白いアクは熱すると固まってくるので捨てる。
❸味見して、塩と胡椒で味を調える。

余った分のスープは溶き卵を入れるなどアレンジに使う

5
月

一菜

蒸し鶏ときゅうりの和え物

材料

蒸し鶏…¼枚（約70g）
きゅうり…⅔本
ねぎだれ…大さじ2（約30g）

❶蒸し鶏は手で裂いてほぐし、きゅうりは縦半分に切って、斜めに薄く切る。
❷ボウルにすべての材料を入れ、和える。塩気が足りなければ調整する。

お好みで胡椒やごまをふってもよい

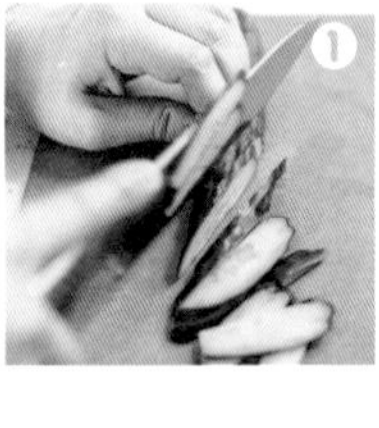

2
日目

一汁

スナップえんどうと卵の味噌汁

材料

だし…200㎖
スナップえんどう…⅓袋（約5本）
卵…1個
味噌…大さじ1

❶だしを中火にかけて沸かす間に、スナップえんどうのスジをとり、卵を溶く。
❷沸騰したらスナップえんどうを入れ1分加熱したら、溶いた卵を2～3回に分けて入れる。
❸火を止めて、味噌を溶く。

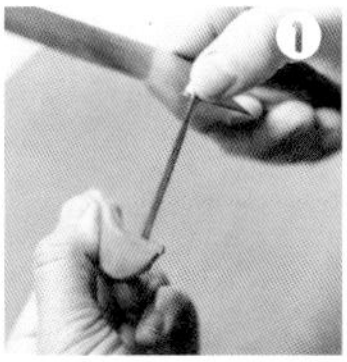

包丁で上と下両側のスジをとる

卵は沸いた状態に少しずつ入れてゆっくりと混ぜ、再び沸いたら入れ…を繰り返すとふわふわになる

一菜

にんじんと卵の炒め物

材料

にんじん…1本
卵…1個
塩…適量
油…大さじ1

❶にんじんは千切りにする。卵は溶いて、塩ひとつまみを入れておく。
❷油とにんじんをフライパンに入れて火にかけ、中火で3分炒め、塩ひとつまみを入れる。
❸にんじんの上から卵を入れて全体を混ぜながら炒める。卵に火が通ったら完成。

お好みでかつお節をふってもよい

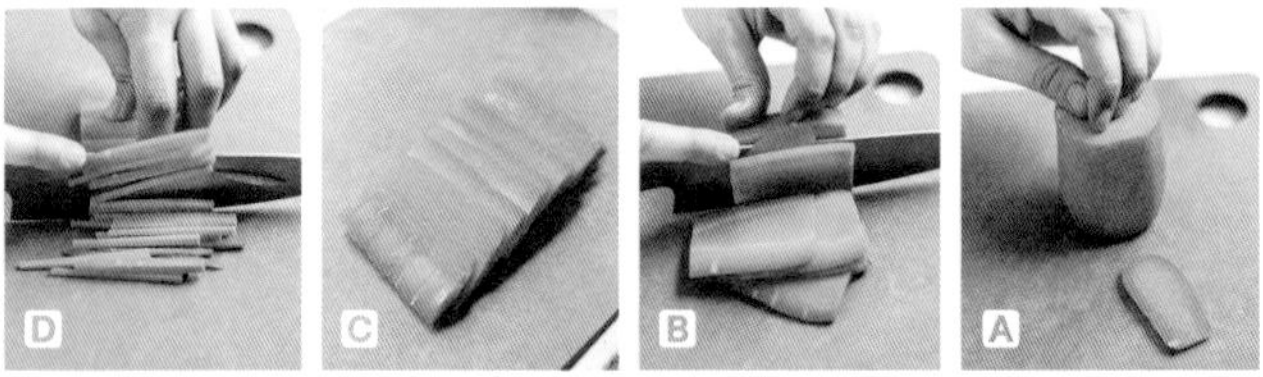

Ⓐ安定して切るためにまな板との接着面を作る。ⒷⒶの面を下にして5㎜幅に切る。ⒸⒹトランプのように並べて千切りにする

3
日目

一汁

蒸し鶏とスナップえんどうのスープ

材料

蒸し鶏…1/4枚（約70g）
スナップえんどう…2/3袋（約10本）
ねぎだれ…大さじ1（約15g）
塩…適量

ねぎだれが余ったら冷奴やチャーハンの味つけに使える

❶鍋に200㎖の湯を沸かす間に、蒸し鶏を割き、スナップえんどうのスジを取る。

お好みで食べやすいサイズに切ってもよい

❷湯が沸いたら、すべての材料を入れ中火で加熱する。
❸1分経ったら火を止めて味見し、塩で調整する。

6月は、
薬味

	一汁	一菜
1日目	 揚げなすの味噌汁	＋  刺身の 薬味だれ和え
2日目	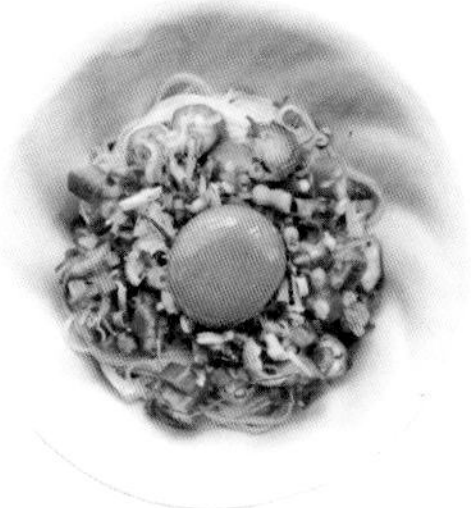 オクラと薬味の ぶっかけ素麺	
3日目	 オクラとみょうがの 味噌汁	＋  豚しゃぶ薬味がけ 蒸しなす添え
2週目以降	刺身を違う魚種に、 万能ねぎをカイワレに代える。	 

6月の食材

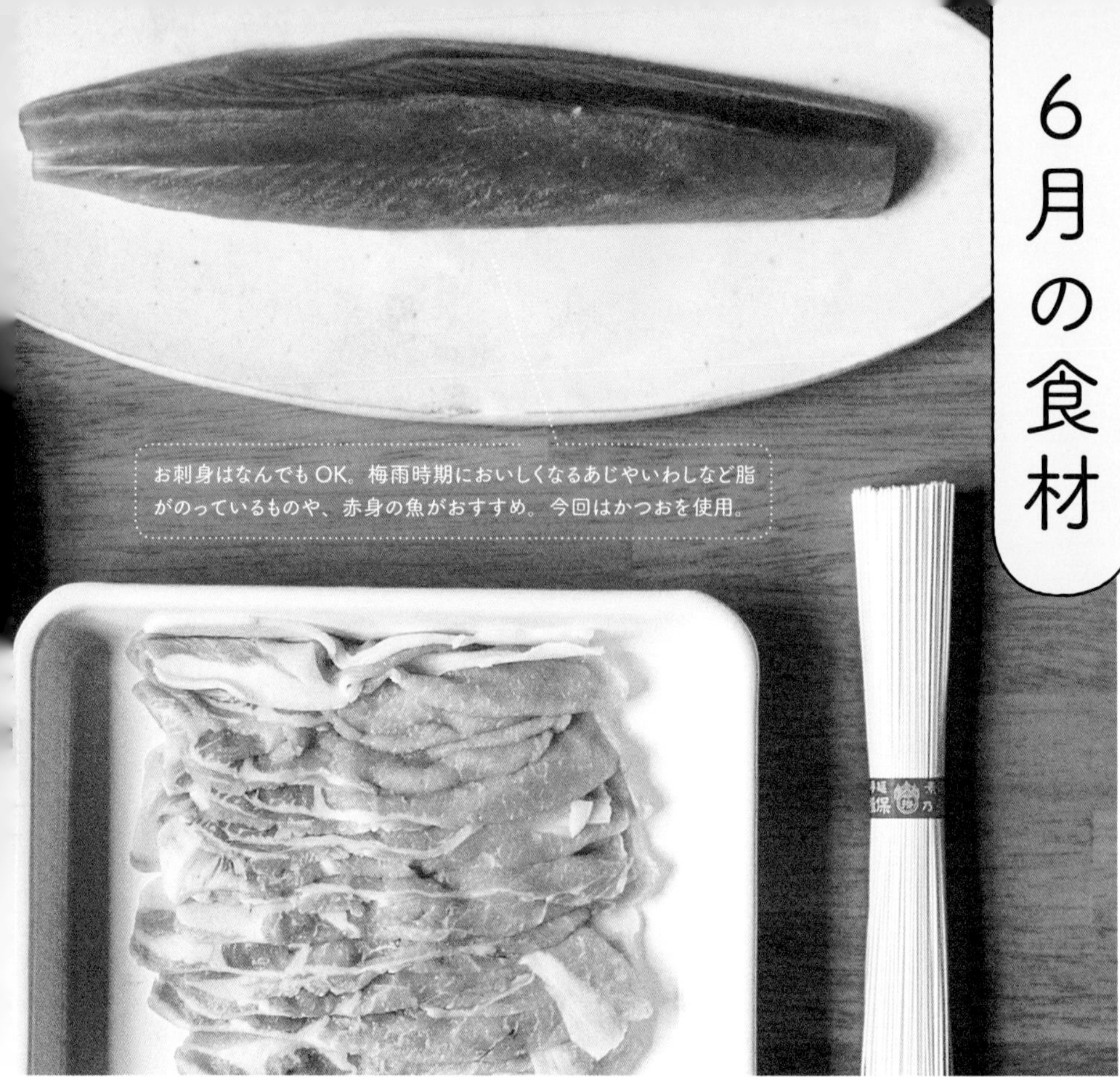

お刺身はなんでもOK。梅雨時期においしくなるあじやいわしなど脂がのっているものや、赤身の魚がおすすめ。今回はかつおを使用。

◎作り置き

薬味ストック（41ページ）

◎旬の食材

オクラ…1パック
なす…3本

◎その他の食材

しゃぶしゃぶ用の豚肉…約150g
お好きな刺身のサク
…1つ（200g前後）
素麺…1束
卵…1個
ごま

◎+αの調味料

めんつゆ（3倍濃縮）

今月は薬味が主役です。今回使う薬味は、みょうが、万能ねぎ、大葉です。梅雨はジメッとして雑菌が繁殖しやすい季節。薬味には殺菌作用があり、食中毒の予防に役立ちます。さらになんと言っても薬味の魅力は清涼感と個性豊かな香り！　薬味の香りには食欲を増進させる効果もあ

り、まさにこの時期にぴったりな食材なのです。薬味ストックを作っておくと炒め物、和え物、汁物などに使えて、料理に爽やかな香りをプラスできる優れものです。

主役は香り高い薬味ストック

◎薬味ストックの作り方

材料

みょうが…2本
（残り1本は47ページで使用）
万能ねぎ…1束
大葉…1パック

材料をすべて細かくきざんで混ぜ合わせ、キッチンペーパーを敷いたタッパーで保存する。薬味は包丁の先の方を使いながら切ると切りやすい。ねぎは輪ゴムでくくってから切るとバラバラしない。冷蔵庫で約4日保存できる。

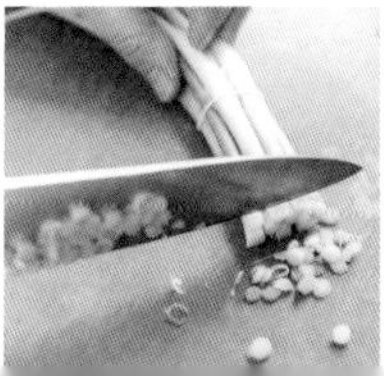

6月

一菜

刺身の薬味だれ和え

材料

お好きな刺身のサク…1つ（約200g）
醤油…大さじ2
みりん…大さじ1
薬味ストック…お好みの量
ごま…お好みの量

アルコールが苦手ならレンジで50〜60秒ほど加熱し、冷ましてから使う

❶1cm幅に切った刺身と醤油、みりんをボウルに入れる。
❷薬味とごまを好きなだけ入れて全体を和える。
❸冷蔵庫で15分ほど冷やし、味をなじませる。

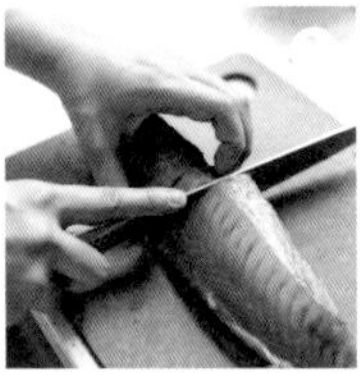

刺身は包丁を手前に引くように切る

冷蔵庫で一日寝かせると味が染み込み、ねっとりとした食感になる。ごはんの上にのせれば刺身丼に

1
日目

油を吸ったなすは格別のおいしさ。
旨味がじゅわっと染み出す。

一汁

揚げなすの味噌汁

材料

なす…1本
油…大さじ1
だし…200㎖
味噌…大さじ1

❶なすを乱切りにする。鍋に油となすを入れて、中火で1分炒める。
❷だしを入れ、なすがクタッとするまで煮えたら火を止める。
❸味噌を溶く。

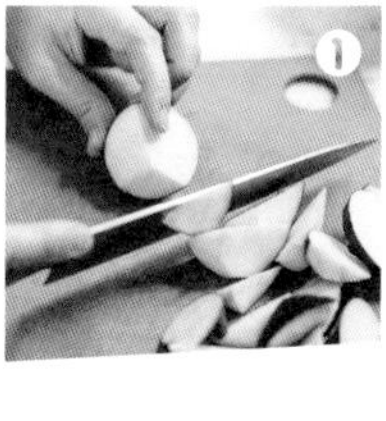

2日目 6月

一汁一菜

オクラと薬味のぶっかけ素麺

材料

素麺…1束（お好みでうどんやそばに）
オクラ…½袋
卵…1個
めんつゆ…小さじ2～3
ごま油…小さじ1
薬味ストック…お好みの量

❶麺をゆでる湯を沸かす間に、オクラを丸ごとレンジで1分30秒加熱し、水にさらしてから1cm幅に切る。卵は黄身と白身に分けておく。

そのままにしておくと余熱で余計に火が通ってしまう

白身はスープなどに入れて使い切る

❷素麺をゆで、氷水でしめてから器に盛り、めんつゆとごま油を加えて和える。オクラ、薬味、最後に卵の黄身をのせる。

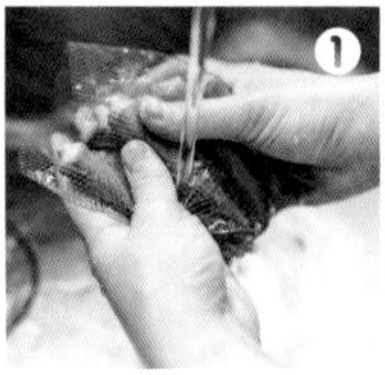

オクラは袋ごと洗ってうぶ毛をとる

薬味の応用

薬味卵焼き

材料

卵…3個
薬味ストック…お好きな量
だし…30mℓ
醤油…小さじ1/2
塩…ひとつまみ

すべての材料を混ぜ合わせ、フライパンで卵焼きの要領で焼く。卵焼きにするのが億劫であれば、スクランブルエッグのようにしてもよい。

薬味冷奴

薬味納豆

6月

強火でゆでると肉が硬くなるので、弱火で加熱し、ざるで水気を切るだけでよい

ヘタを落として頭に1cmの十字の切り込みを入れておくと、手で裂きやすい。包丁で切るよりタレがよく絡む

一菜

豚しゃぶ薬味がけ 蒸しなす添え

材料

しゃぶしゃぶ用の豚肉…約150g
酒…大さじ1
塩…ひとつまみ
なす…2本
薬味ストック…お好みの量
醤油…大さじ1
酢…小さじ1

ポン酢でもよい

❶しゃぶしゃぶ用に湯を沸かす。豚肉は食べやすいサイズに切り、酒と塩を揉み込んで5分置く。

❷なすはラップに包んでレンジで3分ほど加熱する。布巾の上からなすを触り、柔らかくなっていたら箸を使って裂く。

❸湯が沸いたら弱火にし、豚肉を2枚ずつ入れて20～30秒ほどゆでて水気を切る。

❹なすと豚肉を皿に盛り付け、上から薬味を好きなだけのせ、醤油と酢をかける。

お好みでごま油を垂らしても

3
日目

一汁

オクラとみょうがの味噌汁

材料

だし…200㎖
オクラ…½袋
味噌…大さじ1
みょうが…1本

❶だしを中火にかけ、オクラは5㎜幅に小口切りする。みょうがは3㎜幅に小口切りする。
❷だしが沸いたら味噌を溶き、最後にオクラときざんだみょうがを入れて、1分ほど加熱し火が通ったら完成。

オクラの粘り気が出ると味噌が溶きづらいので、先に味噌を溶く

味つけのパターンについて

4パターンをおさえてレシピいらずに

「レシピを見ないと作れないことが多い。」

これは、料理が苦手な人からよく聞く声です。確かに初めて包丁を持って料理をするなら、レシピは欠かせません。レシピは世界共通のフォーマットであり、料理の再現に必要不可欠。けれど、料理はすべて「食材×調理法×味つけ」の組み合わせで成り立っています。

そして日々の自炊で必要な味つけのパターンは、たった数種類しかありません。料理するなら味つけは避けて通れない道ですが、パターンさえ覚えてしまえば大丈夫。毎回レシピに頼らなくても料理することができます。

私の味つけの基本は、おかずも汁物も4パターンだけ。

味つけが同じでも、食材が変われば当然味も変わります。＋αでにんにくやしょうが、ごま、かつお節などの旨味や風味のある食材を使えば、飽きずに楽しめますよ。

おかず編

① 塩のみ、醤油のみ

塩がないと料理は始まりません。新鮮な野菜なら、ゆでたり炒めたりして塩をふるだけで十分おいしいです。肉や魚のソテーも塩でいけます。焼きなすや焼きしいたけ、冷奴などは、ぜひ醤油だけで食べてみてください。物足りなければかつお節や薬味を追加すればOK。シンプルすぎて「料理した感」がないかもしれませんが、立派な一品です。

汁物編

① 味噌汁

一汁一菜の大定番。だしはだしパックや顆粒だしを使うのもよいですし、細かいかつお節や煮干しをそのまま使えば漉す手間が省けて栄養も得られます。昆布と水を冷水ポットに入れて水出ししてもOKです。だしはいろんな種類と取り方があるので、調べてみると面白いですよ。

② 油＋酢＋塩 または 醤油（3：1：少々）

サラダやさっぱりとした和え物の基本。油はオリーブオイルだと洋風に、ごま油だと中華風になります。ただしどちらも香りが強いので、食材の風味を際立たせたいなら米油やサラダ油など癖のないものを使うのがおすすめ。ドレッシングを作る場合、洋風はプラスαでレモン果汁やマスタード、和風・中華風はプラスαで砂糖と醤油を加えます。

③ 醤油＋みりん（または、酒＋砂糖）

醤油の香ばしさとみりんの甘さのバランスがよい甘辛味は、ごはんが進む鉄板の味つけ。炒め物・和え物・肉や魚の煮物など、何でもおいしくしてくれます。煮物をする場合は、だし：醤油：みりん＝10：1：1の割合が煮物の基本と言われています。濃く味つけしたい場合はだしの割合を少なくすればOK。酒を足しても旨味が加わっておいしくなります。みりんがないときは、酒：砂糖＝3：1で代用できます。また、計量が手間なときはめんつゆを使ってもいいですね。

④ だし＋塩 または 醤油

炒め物で大活躍のコンビです。何か味が足りないな、と思ったらちょっと顆粒だしを足してみると味にぐっと深みが出ます。チャーハンもこれで味つけ完了です。

② 洋風スープ
③ 中華スープ

洋風スープは顆粒コンソメ、中華スープは顆粒鶏がらスープをベースに使います。ですが、スープの場合具材からだしが出ていることが多いので、顆粒だしを入れる前に味見をしましょう。そして足りない分を顆粒だしで補うようにすると素材の味が感じられるスープになります。

④ 塩スープ

食材の旨味を十分に引き出してあげると、だしを追加で入れなくてもおいしいスープができます。特にだしが出やすい鶏手羽やベーコン、さつま揚げなどの動物性たんぱく質を入れるときは、味つけの前に必ず味見をし、だしの旨味が感じられたら塩だけで味つけしてみましょう。こちらに関してはスープ作家の有賀薫さんの著書が参考になります（本書の133、138ページでも有賀さんのスープをご紹介しています）。

7月は、
なす

	一汁	一菜
1日目	 トマトの味噌汁	 なす飯
2日目	 夏野菜のトマト煮込み	 きゅうりと カニカマのサラダ
3日目	 塩昆布と みょうがのスープ	 なすの甘辛煮
2週目以降	きゅうりをズッキーニに、 みょうがを大葉に代える。	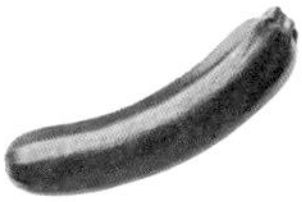 

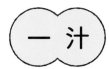

7月の食材

◎**旬の食材**
なす…4本
トマト…2個
みょうが…3本
きゅうり…1本

◎**その他の食材**
カニカマ…1パック
玉ねぎ…1個
塩昆布
ごま

◎**＋αの調味料**
レモン果汁
にんにくチューブ

今月はなすが主役です。

なすは味が染み込みやすく、生食、炒め物、蒸し物、揚げ物など様々な料理に展開できる、夏野菜の万能選手。年中手に入る野菜ですが、7～9月が旬です。旬の始まりは皮が柔らかく、エグミも少ないので生でもおいしく食べられます。

なすを選ぶポイントは3つ。

①皮に光沢とハリがある。

②切り口が新しい。
③ヘタにトゲのある品種なら、トゲが尖っているもの。

◎玉ねぎのきんぴらの作り方

2日目の一汁で玉ねぎを半分使う。残りの半分はきんぴらでどうぞ。

材料

玉ねぎ…½個
ごま油…小さじ1
砂糖…小さじ1
醤油…小さじ1
酒…小さじ1
ごま…お好きな量

❶5㎜幅に切った玉ねぎを、ごま油を敷いたフライパンに入れ中火で2分炒める。

❷砂糖、醤油、酒を加えて1分ほど炒め、最後にごまをふる。

主役は夏野菜の万能選手・なす

7
月

夏しか食べられない、私のおばあちゃんの味

ごはんにのせず、そのまま食べてもよい。
冷やし素麺にも合う

一菜

なす飯

材料

なす…1本
みょうが…1本
塩…ふたつまみ
醤油…小さじ1
ごま油…小さじ1
ごはん…茶碗1杯
ごま…お好みの量

❶なすは縦半分にして5㎜幅に斜め切りにする。1分ほど水にさらしアクを抜く。みょうがも斜めに薄切りにする。

❷なすの水を切りボウルに入れ、塩をふって軽く揉み、3分ほど放置する。なすから出た水気を手で絞る。

❸ボウルになす、みょうが、醤油、ごま油を入れて和える。ごはんにのせてごまをふる。

最初に塩で下味をつけているので、味つけは軽めに

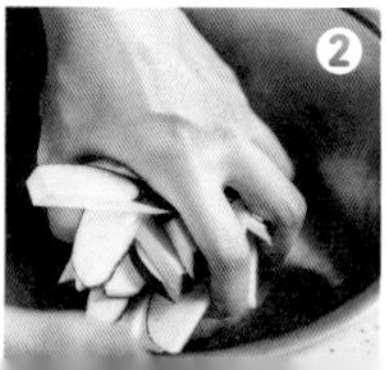

1日目

一汁

トマトの味噌汁

材料

だし…200㎖
トマト…1個
味噌…大さじ1

❶だしを中火にかける。その間にトマトをくし切りにする。
❷だしが沸いたらトマトを入れて1分ほど加熱し、火を止めて味噌を溶く。

味噌汁にトマト!? と思うかもしれませんが、これが意外とさっぱりして合うのです。薬味でみょうがをのせてもいいですよ。

一汁

夏野菜のトマト煮込み

材料

オリーブオイル…大さじ2
にんにくチューブ…2cm
玉ねぎ…½個
塩…適量（3回に分けて入れる）
なす…1本
トマト…1個

塩を分けて入れると、早く火入れができて味も馴染む

❶野菜をすべて一口サイズに切る。
❷鍋にオリーブオイル、にんにく、玉ねぎの順に入れて蓋をし、弱めの中火で熱する。1分おきに蓋を外し、全体を混ぜ合わせながら4分ほど炒める。
❸玉ねぎが透明になったら、塩ひとつまみ（①）となすを入れて、1分おきに混ぜながら2分炒める。
❹塩ひとつまみ（②）とトマトを入れ、全体を軽く混ぜる。弱火で蓋をしたまま6分加熱する。最後に塩ひとつまみ（③）で味を調える。

旨味が足りなければ顆粒コンソメを少々加える

2
日目

一菜
きゅうりとカニカマのサラダ

材料

きゅうり…1本
みょうが…1本
カニカマ…1袋
レモン果汁…小さじ1
オリーブオイル…大さじ1
塩…適量

❶きゅうりは縦半分に切り5㎜幅に斜め切りする。みょうがも斜めに薄切りする。
❷ボウルにきゅうりとみょうがを入れ、カニカマは食べやすいサイズに手でほぐす。レモン果汁、オリーブオイル、塩ひとつまみの順で入れ、全体を和える。

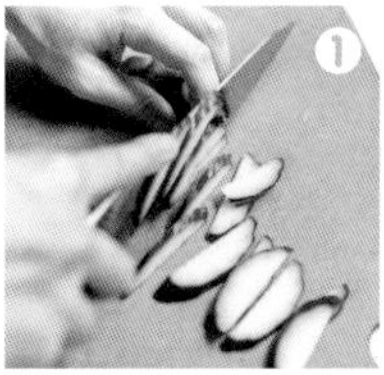

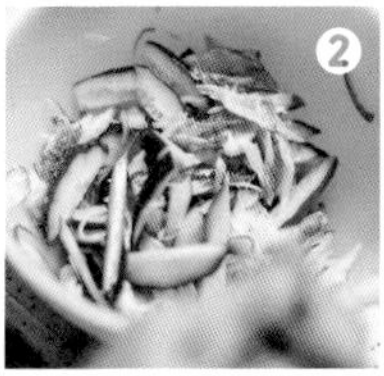

7月

地味な料理だが、なすの旨味に驚かされる

できたてでもおいしいが、冷ますとさらに味が染みておいしい

一菜

なすの甘辛煮

材料

なす…2本
油…大さじ2
砂糖…小さじ2
醤油…大さじ1

❶なすは縦半分に切り、皮目に2㎜幅の切り込みを斜めに入れる。切り込みの方角に逆らって4等分に切る。
❷鍋に油を熱し、中火でなすを3分炒める。油をすってしんなりしたら、水100㎖と砂糖を入れて蓋をし、弱めの中火で3～4分煮る。
❸醤油を入れ2～3分煮る。

水を入れるとなすの色素が出て青色に変色するが、気にしないでOK

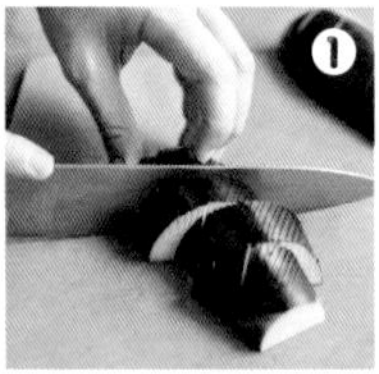

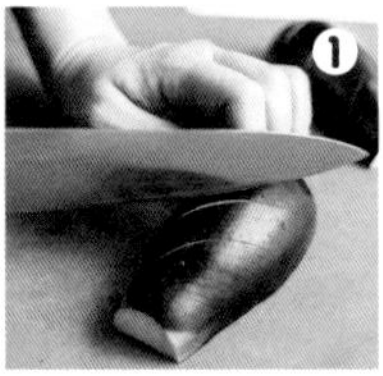

切り込みがあると味がよく染み込む

一汁

塩昆布とみょうがのスープ

材料

みょうが…1本
塩昆布…ひとつまみ
塩…適量

❶薄切りにしたみょうがと、塩昆布をお椀に入れ、熱湯を200㎖注ぐ。
❷味見し、塩で味を調える。

塩昆布は旨味・甘み・塩気のバランスがよく、万能調味料として活躍してくれます。何も作れない日は、ごはんのお供に塩昆布をどうぞ。

8月は

ピーマンときゅうり

	一汁		一菜
1日目	 即席味噌汁 （かちゅー湯）	＋	 じゃこピーマン
2日目	 ピーマン、干し小エビ、 卵のスープ	＋	 きゅうりの じゃこナムル
3日目	 さば缶と きゅうりの冷や汁	＋	 ピーマンの 丸ごと焼き
2週目以降	さば缶をいわしの煮付け缶に、 ピーマンをししとうに代える。		 

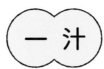

8月の食材

◎旬の食材
ピーマン…5個
きゅうり…2本

◎その他の食材
ちりめんじゃこ…1パック
さばの水煮缶…1缶
卵…1個
干し小エビ
かつお節
ごま

◎＋αの調味料
にんにくチューブ

ピーマンときゅうりは年中流通している野菜ですが、夏真っ盛りになると味がのってきて、色艶もぐんとよくなります。

ピーマンを選ぶポイントは3つ。
①緑が色鮮やか。
②ヘタの切り口がみずみずしく、黒く変色しておらず新鮮。
③表面にハリツヤがある。

主役はピーマンときゅうり

大きすぎず小さすぎず、凹みが少ないものが調理しやすいです。

きゅうりを選ぶポイントは

①緑色の発色がいい。

②形がまっすぐ。

最近ではイボの無い品種もありますが、イボがあるものは尖っているものを選びましょう。表面に白い粉がついてるのは、ブルームという果粉です。作物の水分の蒸散を防いでくれるため、実をみずみずしく保つことができるのです。

一菜

じゃこピーマン

材料

ピーマン…2個
ごま油…小さじ2
ちりめんじゃこ…お好みの量
醤油…小さじ1

❶ピーマンは縦に切り、ヘタを取って縦5㎜幅に切る。
❷フライパンにごま油とピーマンを入れて中火で2分ほど炒める。
❸しんなりしたらお好きな量のじゃこと醤油を入れ、30秒ほどざっと炒めたら完成。

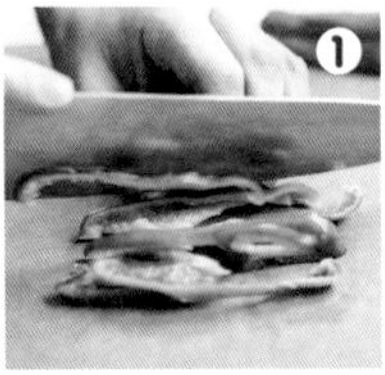

一汁

即席味噌汁（かちゅー湯）

材料

かつお節…ひとつまみ
味噌…大さじ1

❶ かつお節と味噌をお椀に入れ、200㎖の熱湯を注ぎ味噌を溶く。

「かちゅー湯」は沖縄の即席味噌汁で「かつお湯」の意味。旅行に行くときは、小分けパックのかつお節と味噌を持ち歩いていつでも味噌汁を飲めるようにしています。どこでも我が家の安らぎが得られておすすめ。

8月

一菜

きゅうりのじゃこナムル

材料

きゅうり…1本
塩…ひとつまみ
ちりめんじゃこ…お好みの量
ごま油…大さじ1
ごま…お好みの量

❶きゅうりを千切りにする。塩をふって軽く揉む。
❷5分ほど経ったら表面に浮いた水気をふきとり、じゃこ、ごま油を入れて和える。ごまをふる。

お好みでにんにくチューブを少々入れてもよい

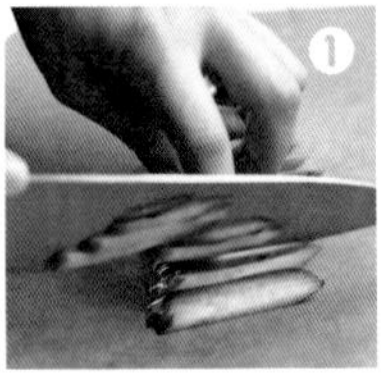

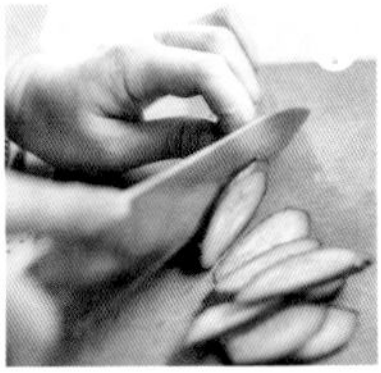

3㎜幅に切ってから重ねて千切りに

2
日目

一汁

ピーマン、干し小エビ、卵のスープ

材料

干し小エビ…ひとつまみ(約2g)
ピーマン…1個
卵…1個
塩…ひとつまみ

❶鍋に水200mlと干し小エビを入れて沸かす間に、ピーマンは縦に切ってヘタを取り、横にして5mm幅に切る。卵は溶いておく。

❷沸いたらピーマンを入れ、中火で2分ほど加熱し、塩を入れる。35ページ同様、卵を2~3回に分けて入れる。

旨味が足りなければ顆粒鶏がらで調整する。

2週目のししとうは切るとタネの色が出てスープが黒ずんでしまう。気になる人は丸ごと調理するとよい

一汁

さば缶ときゅうりの冷や汁

きゅうり…1本
塩…ひとつまみ
さばの水煮缶…1缶
味噌…大さじ1
ちりめんじゃこ…大さじ4（約15g）
油…小さじ2
ごま…お好みの量

味噌煮缶は甘いので水煮缶のほうがおすすめ

材料

❶きゅうりを1㎜幅に切り、塩を加え軽く揉んで5分置く。
❷ボウルに水気を切ったさばの水煮缶を入れ、小骨を取り除き、身をほぐす。
❸②に水200㎖と味噌を入れて溶き、最後に水気を絞ったきゅうりを入れて冷蔵庫で冷やす。
❹フライパンにじゃこと油を入れ、中火でかりかりになるまで炒める。食べる直前に③の冷や汁にじゃこを入れ、最後にごまをふる。

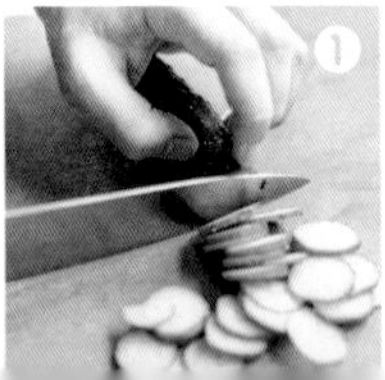

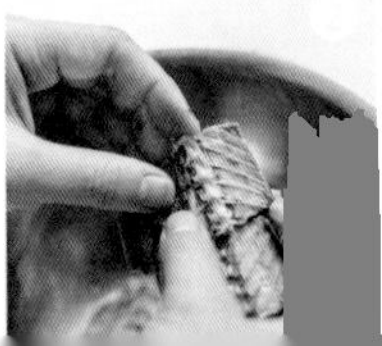

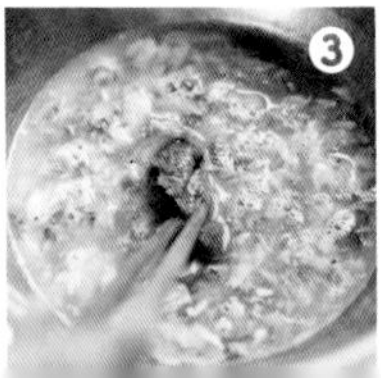

3
日目

一菜

ピーマンの丸ごと焼き

材料

ピーマン…2個
ごま油…小さじ1
かつお節…お好みの量
醤油…適量

❶破裂を防ぐため、ピーマンに楊枝か箸で数か所穴をあける。
❷蓋ができるフライパンか鍋にピーマン、ごま油、水大さじ1を入れて蓋をし、中火で2分置き焼き（25ページ参照）する。
❸2分経過したらひっくり返し、蓋をして2分焼く。お好みの固さになったら皿に盛り、かつお節と醤油をかける。

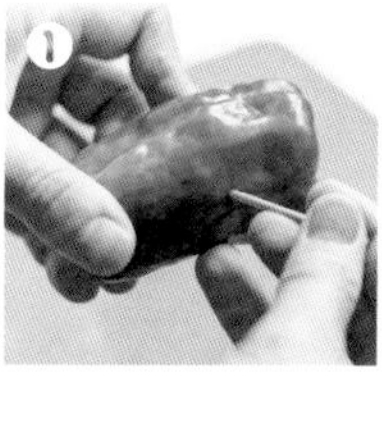

9月は、さばの干物

	一汁	一菜
1日目	 ねぎと卵のスープ	 さば焼きそば
2日目	 ピーマンと 豚バラのスープ	 さばのポテサラ
3日目	 ねぎとさばのスープ	 じゃがいもと ピーマンの肉巻き

2週目以降

ねぎをニラに、
ピーマンをインゲンに代える。

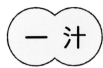

9月の食材

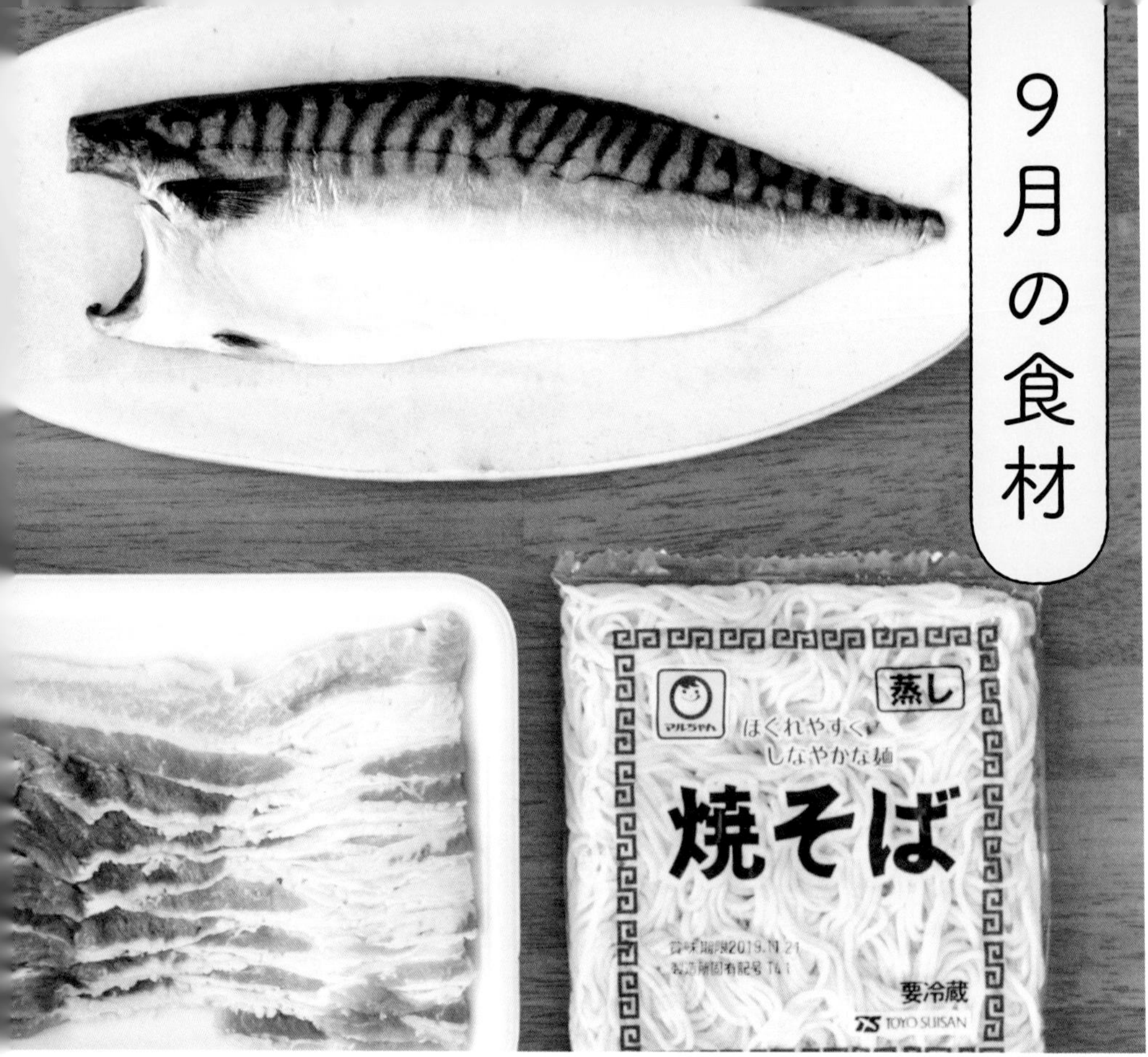

◎作り置き
さばフレーク（73ページ）

◎その他の食材
じゃがいも（男爵）…3個
ピーマン…4個
長ねぎ…1本
焼きそば麺（蒸し麺またはゆで麺）
…1袋
豚バラ肉…200g
卵…1個

◎＋αの調味料
レモン果汁
マヨネーズ

今月はさばの干物が主役です。「みりん干し」もありますが、今回は塩味のものを買ってきてください。スーパーの干物コーナーに売っています。干物を使う理由は2つ。1つめは、生のさばに比べて水気が少なく料理に使いやすいから。2つめは、ベーコンのように身に旨味が凝縮されているからです。干物は使い切れなくても冷凍可能です。1食分のサイズに切って冷凍し、食べる分だけ解

主役はさばの干物のフレーク

凍して焼けば立派な一菜ですよ。なお、塩さば（塩漬けしたさば）でもほぼ同じように使えます。今回の週3レシピは、さばの干物をフレークにします。

◎さばフレークの作り方

材料

さばの干物
…1本（約180g）

さばをまるごと耐熱容器に入れ、ラップをしてレンジで3分加熱する。あら熱をとってから、皮や骨を取り除いてほぐす。皮でだしを取ると、さばの脂がたっぷりのさばだしができるのでお試しを！

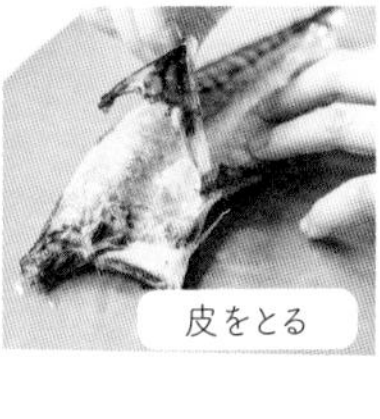
皮をとる

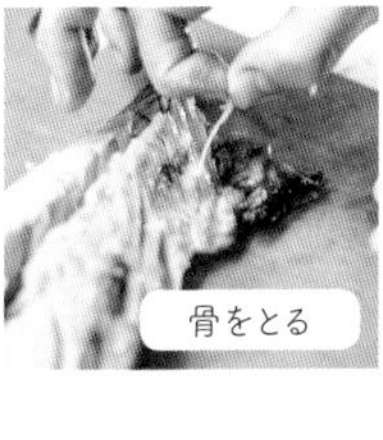
骨をとる

手でほぐす

5日ほど日持ちする

一汁

ねぎと卵のスープ

材料

長ねぎ…⅓本（約30g）
顆粒鶏がらスープ…小さじ½
卵…1個
塩…適量

❶鍋に湯200㎖を沸かす間に、長ねぎを2㎜幅の小口切りにする。
❷沸騰したらねぎと顆粒鶏がらを入れる。
❸沸騰した状態で卵を2〜3回に分けて入れ（35ページ参照）、塩で味を調える。

2週目でニラを使う際は5㎝幅に切る

1
日目

一菜

さば焼きそば

材料

長ねぎ…1/3本（約30g）
ピーマン…1個
ごま油…適量
焼きそば麺…1袋
さばフレーク…1/3（約60g）
塩…ひとつまみ
醤油…小さじ1/2
胡椒…適量

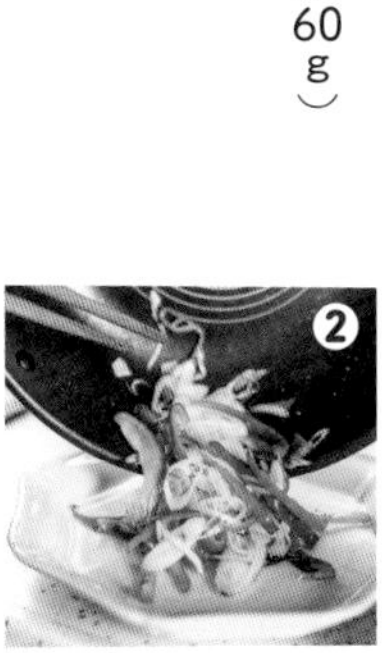

❶長ねぎは斜めに薄切り、ピーマンは千切りにする。

❷フライパンにごま油小さじ1と①を入れ、中火で1分半〜2分ほど炒め、火が通ったら皿に取り出す。

❸同じフライパンに、ごま油大さじ1、焼きそば麺、さばフレーク、水大さじ2の順に入れ、ざっと麺をほぐして蓋をし、弱めの中火で2分ほど蒸す。

❹麺をほぐし、塩を加える。①と醤油を加えて全体を混ぜ合わせる。最後に胡椒をふる。

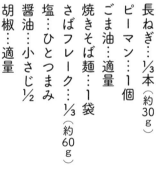

レモンの酸味を効かせたさっぱり仕上げ。マヨネーズを多く、レモン果汁少なめにすればこってり味に変身
表面のでんぷん質を洗い流すため

一菜

さばのポテサラ

材料

じゃがいも…3個
さばフレーク…⅓（約60g）
マヨネーズ…大さじ1
オリーブオイル…大さじ1
レモン果汁…小さじ2
塩…ひとつまみ
胡椒…適量

ここで使うのは⅔だがまとめて加熱して潰す

❶じゃがいもは皮をむき1.5㎝幅のイチョウ切りにする。さっと水にくぐらせ、耐熱容器に入れてラップをかけてレンジで7〜8分加熱する。潰せるほどに火が通ったら、熱いうちにお好みの粗さに潰す。

⅓は79ページ用にラップで保存

❷①にさばフレークを入れ、マヨネーズ、オリーブオイル、レモン果汁、塩で様子をみながら少しずつ味をつけ、最後に胡椒をふる。

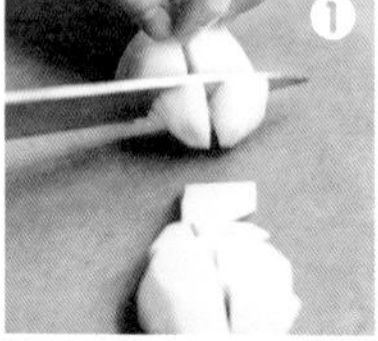
❶

2日目

一汁

ピーマンと豚バラのスープ

材料

ピーマン…2個
豚バラ肉…1/4(約50g)
塩…ひとつまみ
醤油…小さじ1/4

❶鍋に200mlの湯を沸かしている間に、ピーマンは縦に切り、ヘタをとって横5mm幅に、豚バラ肉は3cm幅に切る。
❷沸騰したら中火にし、豚バラ肉とピーマンを入れて2分加熱する。最後に塩、醤油を入れる。

旨味が足りなければ顆粒鶏がらを少しずつ加えて調整する

豚肉のアクが気になるようなら取り除く

9月

一汁

ねぎとさばのスープ

材料

長ねぎ…⅓本（約30g）
ごま油…小さじ1
さばフレーク…⅓（約60g）
塩…適量

❶鍋に斜め薄切りにした長ねぎとごま油を入れて、焼き目を付けるように1分半〜2分ほど置き焼き（25ページ参照）する。
❷火が通ったら水200mlとさばフレークを入れて沸騰させ、塩で味を調える。

2週目でニラを使う際は5cm幅に切る

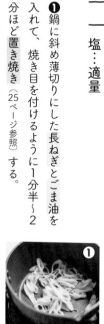

後から肉の脂が出るので、油はひかずに焼き始める

一菜 じゃがいもとピーマンの肉巻き

材料

ピーマン…1個
潰したじゃがいも…1個分
（2日目の「ポテサラ」で保存した分）
油…小さじ1
豚バラ肉…3/4（約150g）
塩…適量
醤油…小さじ1
みりん…小さじ1
（甘いのが苦手なら酒に変更）

❶ピーマンは縦半分に切ってヘタを取り、縦8等分に切る。じゃがいもはまとまりやすいように油を混ぜ合わせておく。

❷豚バラ肉をまな板に伸ばして置き、1枚に対して塩少々をふる（片面のみ）。じゃがいもとピーマンをひとまとめにして、手前に引きながらきつく巻く。

❸フライパンを中火に熱し、巻き終わりを下にして1面につき1分半〜2分ほど、全面に火が通るまで焼く。

❹全体に火が通ったら、醤油、みりんをまわし入れタレをからめる。

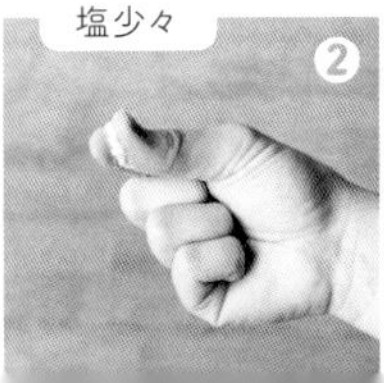
塩少々
2

寿司のように

買い物について

スーパーは大きな冷蔵庫

料理初心者の方からよく聞くのは「つい買いすぎて、食材をダメにしてしまう……」という話。スーパーで買い物をしていると、4分の1サイズと2分の1サイズがほぼ同じ値段だったり、野菜がセットになって安売りしていたり、もしかしたら使うかも？　と思って「いるかいらないか、わからないけど」カゴに入れてしまったりと、誘惑が多いですよね。

そして自炊の頻度に対して食材が多くなって使い切れず、味にも飽きてしまい冷蔵庫でしわしわになっていく悲しい野菜たち……。特にもやしなどは水が多いため、おいしく食べられるのは買ってから1〜2日以内。「もしかしたら使うかも」で買ったけど、びしょびしょになってしまって泣く泣く捨てた経験、私にもあります。

そこでご提案したいのは「スーパーは大きな冷蔵庫」と考えること。買い込んで自宅の冷蔵庫をぱんぱんにするのではなく、スーパーという冷蔵庫にいつも新鮮な野菜を取りに行くのはどうでしょうか？

自炊を続けるには、まずは3日間くらいで使い切れる少量の食材をそろえることを心からおすすめします。そもそも食材が少ないのですから「あの野菜を使い切らないと、あの肉も賞味期限が近い……」と悩むことも減っていくはずです。

週3レシピは、それぞれの野菜の平均的な一袋の量をベースに組み立てています。

まずは冒頭の食材一覧に書いてある分量から始めてみてください。それが使い切れたら、今度はもう少しずつ増やしていってよいでしょう。スーパーが空いている時間に家に帰れない！　という方は、野菜の品ぞろえがいいコンビニやネットスーパーを利用するのも手ですね。

調味料についても、買いすぎないのがポイントです。

私がさしすせそ以外に常備している調味料は、油類、みりん、清酒、胡椒、めんつゆ、顆粒鶏がらスープ、顆粒コンソメ、レモン果汁です。マヨネーズやソースが必要なときはコンビニに売っている小さいサイズのものを買い、使い切るのが苦にならないようにしています。

ドレッシングも、以前は2本ほど常備していましたが、最後のほうになると味に飽きてしまって使い切れずに賞味期限切れに……。いっそのこと自分で作ればいいのでは？　と思って試してみました。すると油：酢＝3：1（または2：1）の比率に加減をみながら塩を足していき、レタスに手で和えたらとてもおいしいサラダができあがりました。秋から冬にかけての柑橘がおいしい季節は、すだちやゆずで酢を代用すると、フレッシュで自分で作ったとは思えないほど上品な味に仕上がります。ドレッシングを余らせがちな方は、ぜひチャレンジしてみてください。

10月は、きのこ

	一汁		一菜
1日目	 焼き油揚げと キャベツの味噌汁	＋	 きのこの炊き込みごはん
2日目	 きのこと 油揚げのスープ	＋	 キャベツの にんにく炒め
3日目	 キャベツと 塩昆布のスープ	＋	 きのこチャーハン
2週目以降	きのこを違う種類に、 キャベツを小松菜に代える。		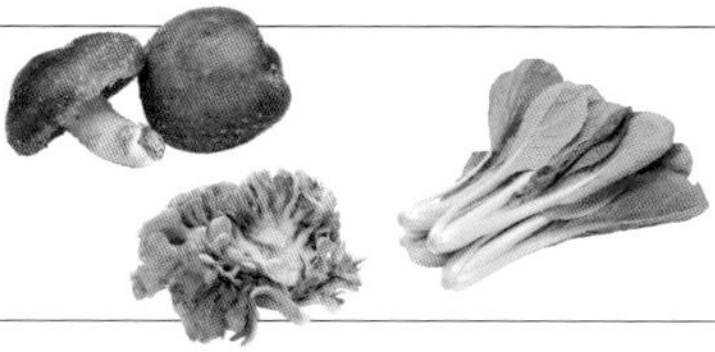

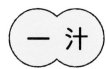

10月の食材

◎作り置き

きのこの甘辛炒め（85ページ）

◎その他の食材

キャベツ…¼玉

卵…1個

油揚げ…1枚

かつお節

塩昆布

◎＋αの調味料

にんにくチューブ

今月はきのこが主役です。好きなきのこを4種類買ってください。数種類のきのこがパックになっているものでもOKです。きのこは火を入れるとカサが減るので、多すぎるかな？　と思うくらいで大丈夫。買いすぎてしまった場合は、食べやすいサイズにばらして冷凍しておくと、汁物などにそのまま入れて使えます。

主役はきのこの甘辛炒め

◎きのこの甘辛炒めの作り方

材料

お好みのきのこ4種類（今回は舞茸、しめじ、えのき、エリンギを使用）…各1パック（合計400gほど）
油…大さじ3
塩…ひとつまみ
醤油…大さじ2
みりん…大さじ1

エリンギは食べやすいサイズに切り、しめじ、えのきは石づきをとってほぐし、舞茸もほぐしてフライパンに入れる。油を上からまわしかけ、中火で3分置き焼き（25ページ参照）する。ひっくり返して1分加熱し、全体に火が通ったら、塩、醤油、みりんを入れて混ぜ合わせる。水気が飛んだら完成。

きのこは箸で触りすぎると水っぽくなるので最小限の回数で混ぜる

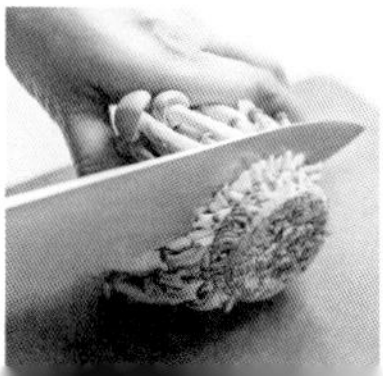

10月

一菜

きのこの炊き込みごはん

材料

米…1合
塩…ひとつまみ
きのこの甘辛炒め…1/4（約100g）

❶米を研ぎ、炊飯器に米を入れて1合の目盛りまで水を入れる。そこから大さじ1だけ水を捨てる。
❷塩ときのこの甘辛炒めを入れ、混ぜずに通常モードで炊飯する。

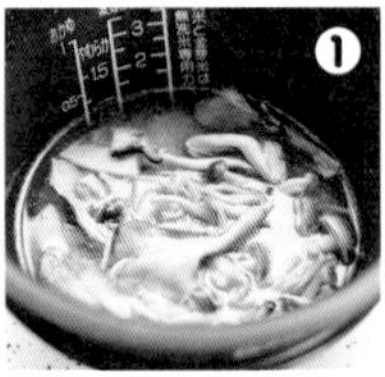

1
日目

一汁

焼き油揚げとキャベツの味噌汁

材料

キャベツ…¼
油揚げ…½枚
だし…200㎖
味噌…大さじ1

❶キャベツと油揚げを食べやすいサイズに切る。
❷鍋に油揚げを入れて中火にかけ、動かさずに焼き目をつける。
❸だしを入れ、沸騰したらキャベツを入れる。1分半〜2分ほど経ちキャベツに火が通ったら火を止め、味噌を溶く。

油揚げは表面を焼くことで香ばしくなり、サクッとした食感になります。いつもの味噌汁がちょっと凝った感じになるのでおすすめ!

一汁

きのこと油揚げのスープ

材料

きのこの甘辛炒め…¼（約100g）
油揚げ…½枚
酢…小さじ½
塩…少々

❶鍋に200㎖の水、きのこの甘辛炒め、食べやすいサイズに切った油揚げを入れ、中火にかける。
❷沸騰したら味見し、酢、塩少々で味を調える。

少量の酢を加えるとさっぱり味に仕上がる

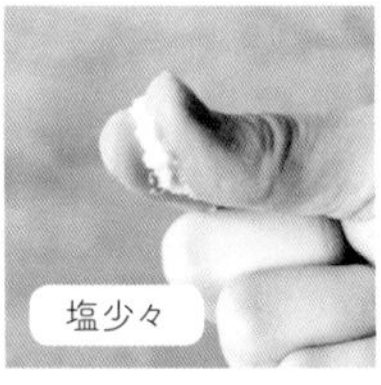

2
日目

一菜

キャベツのにんにく炒め

材料

キャベツ…2/4
ごま油…大さじ1
にんにくチューブ…2cm
醤油…小さじ1
塩…適量
かつお節…お好みの量

❶キャベツは一口サイズに切るか、手でちぎる。フライパンにごま油、にんにく、キャベツを入れて中火にかける。
❷30秒おきに混ぜながら2分ほど炒める。キャベツに火が通ったら、醤油を加えて味見をし、足りなければ塩で補う。火を止めて最後にかつお節をのせる。

私の場合、小指の先から第一関節までが約2cm。手で測れると何かと便利

10
月

キャベツと塩昆布の浅漬けもおいしい

一汁

キャベツと塩昆布のスープ

材料

キャベツ…1/4
塩昆布…ひとつまみ
塩…適量

❶鍋に200㎖の湯を沸かしている間に、キャベツを切るかちぎるかして一口サイズにする。
❷沸騰したらキャベツと塩昆布を入れ、1分ほど加熱する。味見し、塩で味を調える。

3
日目

一菜 きのこチャーハン

材料

卵…1個
塩…適量
ごはん…茶碗1杯
ごま油…大さじ1
にんにくチューブ…1cm
きのこの甘辛炒め…1/4(約100g)

余ったらそのままおかずとして食べられる。冷凍も可能

❶卵は溶いて、塩を加える。温かいごはんを用意する。
❷フライパンを熱し、ごま油、にんにく、ごはんを入れて中火で1分炒める。
❸きのこの甘辛炒めを加えて1分ほど炒め、ごはんを端に寄せて溶き卵を流し込む。半熟になったらごはんと合流させて、全体を混ぜる。塩で味を調える。

きのこの甘辛炒めに味がついているので、濃くなりすぎないように注意

11月

鶏そぼろ

	一汁	一菜
1日目	 ほうれん草と玉ねぎの 中華スープ	＋  そぼろ和え麺
2日目	 かぶとそぼろのスープ	＋  ほうれん草と玉ねぎの かつお節和え
3日目	 かぶ、かぶの葉、 油揚げの味噌汁	＋  そぼろ親子丼
2週目以降	かぶを大根に、ほうれん草を ちんげん菜に代える。	

11月の食材

◎作り置き
鶏そぼろ(95ページ)
◎旬の食材
ほうれん草…1束
かぶ…2個(葉付きがよい)
◎その他の食材
油揚げ…1枚
カットねぎ…1パック
玉ねぎ…1個
冷凍うどん…1玉
卵…2個
かつお節

今月は和食レシピサイト「白ごはん.com」さんの鶏そぼろが主役です。

主役は鶏そぼろの作り置き

◎白ごはん.comさんの鶏そぼろの作り方

材料

鶏ひき肉…200g
醤油…大さじ3
砂糖…大さじ2
酒…大さじ1

※白ごはん.comさんのレシピでは砂糖大さじ3のところ、料理に展開しやすいよう大さじ2に分量を減らしています。

❶材料をすべて鍋に入れ、火にかける前に合わせる。ひき肉にダマがなくなるまで箸4本を使って混ぜる。

❷鍋を中火にかけ、箸で混ぜながら鶏肉に火を通す。色が変わりはじめたら混ぜる手を少し早め、ダマにならないように手早く混ぜながらぽろぽろになるまで火を通す。

❸鍋底に煮汁がほとんどなくなるくらいまで煮詰めて完成。

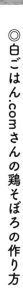

11
月

一汁

ほうれん草と玉ねぎの中華スープ

材料

玉ねぎ…⅓個
ほうれん草…⅓束
顆粒鶏がらスープ…小さじ½
塩…ひとつまみ
卵白…1個分（卵黄は97ページで使用）

❶鍋に200㎖の水とくし切りにした玉ねぎを入れて沸かす。その間にほうれん草は5㎝幅に切ってからラップに包んでレンジで1分加熱する。
❷ほうれん草は一旦水で冷やし、軽く絞って沸いた湯に入れる。顆粒鶏がらと塩を入れる。
❸最後に沸いているところに卵白を落とし、3秒待ってからゆっくり混ぜる。

2週目食材のちんげん菜はアクが少ないので
レンチンせず沸いた湯にそのまま入れてOK

1日目

麺は温・冷どちらでもいいので、気分に合わせて選んでみてください

一菜 そぼろ和え麺

材料

- 冷凍うどん…1玉
- 醤油…小さじ1
- ごま油…小さじ1
- 鶏そぼろ…½（約100g）
- 卵黄…1個分
- カットねぎ…お好みの量

素麺などお好きな麺でOK

❶冷凍うどんを袋に記載されている時間レンジで加熱する。

❷①をどんぶりに入れ、醤油とごま油を加えて麺と絡ませて、鶏そぼろ、卵黄、ねぎを盛り付ける。

11
月

エグみが気になるようなら、一度水にさらす

一菜

ほうれん草と玉ねぎのかつお節和え

材料

玉ねぎ…1/3個
ほうれん草…2/3束
油…小さじ1
醤油…小さじ1
かつお節…お好みの量

❶玉ねぎを5mm幅に薄切りにし、耐熱容器に入れてラップをかけてレンジで2分加熱する。

❷ほうれん草は5cm幅に切る。加熱した玉ねぎにほうれん草を追加し、さらに2分加熱する。

❸油、醤油、かつお節を入れて和える。

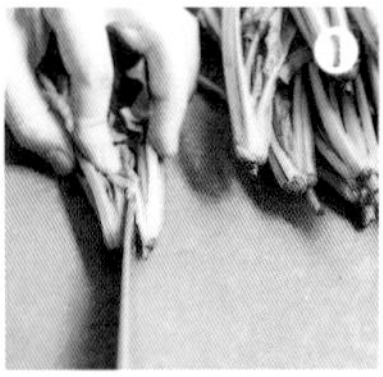
1

根に1cmの切り目を入れ、泥を落とすように洗う。洗う作業が面倒であればギリギリで切ってもOK

3

2
日目

一汁

かぶとそぼろのスープ

材料

かぶ…1個
だし…200㎖
鶏そぼろ…¼（約50g）
塩…適量

❶かぶは半分に切ってから5㎜幅に切る。
❷鍋にだしとかぶを入れ、沸騰したら鶏そぼろを入れる。2分ほど経ち火が通ったら味見をし、塩で調整する。

お好みでカットねぎをのせる

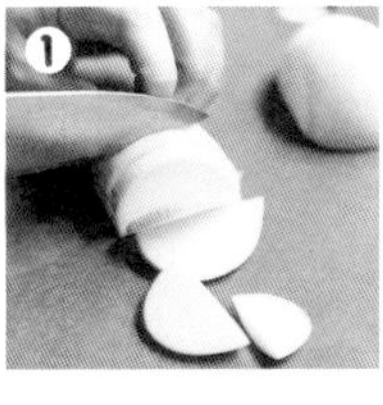

11月

一汁

かぶ、かぶの葉、油揚げの味噌汁

材料

かぶ…1個
かぶの葉…1個分（なくてもよい）
油揚げ…½枚
だし…200㎖
味噌…大さじ1

❶かぶは半分に切ってから5㎜幅に切り、かぶの葉と油揚げは食べやすいサイズに切る。
❷鍋にだしとかぶを入れ中火にかける。
❸沸騰したらかぶの葉と油揚げを入れ、1分ほど加熱して火を止めたら味噌を溶く。

かぶの葉が余ったら…

◎かぶの葉のふりかけ

かぶの葉は1㎝幅に切る。油揚げがあれば食べやすいサイズに切る。フライパンにごま油を入れて熱し、すべての材料を入れてくたっとするまで2分半～3分ほど炒める。醤油：みりん＝1：1の割合で少しずつ味つけをし火を止める。最後にかつお節を加えて和える。油揚げはじゃこなどで代用可。

2週目の大根の葉でも同様のおかずにできます。

3
日目

一菜

そぼろ親子丼

材料

玉ねぎ…1/3個
鶏そぼろ…1/4（約50g）
酒…大さじ1
卵…1個
塩…ひとつまみ
ごはん…茶碗1杯
カットねぎ…お好きな量

❶玉ねぎは2㎜幅の薄切りにし、鍋に80㎖の水を入れて沸かす。
❷沸いたら玉ねぎ、鶏そぼろ、酒を入れ、1分半～2分ほど中火で加熱する。その間に卵を溶いておく。
❸玉ねぎに火が通ったら塩を入れる。卵を2回に分けて入れ、蓋をして1分ほど蒸らす。ごはんにのせて、カットねぎをのせる。

1回目を入れたら30秒加熱し、2回目を入れたらすぐに火を止める

12月は、
白菜

	一汁	一菜
1日目	 白菜と 干し小エビのスープ	+ 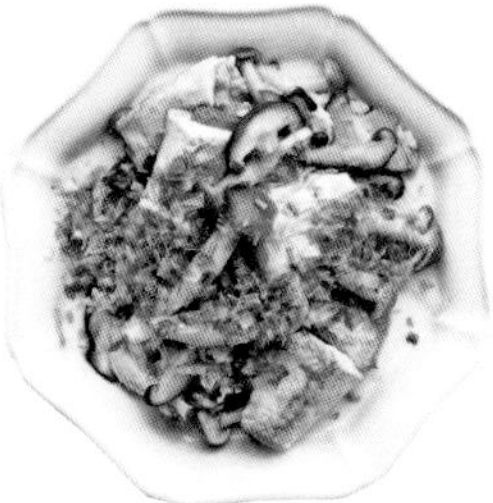 豆腐ときのこの炒め物
2日目	 豆腐と卵のスープ	+  白菜、豚肉、しめじの あんかけ丼
3日目	 肉豆腐	
2週目以降	豆腐を厚揚げに、しめじ・しいたけを 舞茸・えのきに代える。	

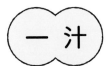

12月の食材

◎旬の食材

白菜…¼個

◎その他の食材

しめじ…1パック
しいたけ…1パック
木綿豆腐…1丁（300g前後）
豚バラ肉…200g
卵…2個
干し小エビ
かつお節

◎＋αの調味料

片栗粉

冬の到来とともに食べたくなる白菜。淡白な味で漬物、サラダ、炒め物、煮物、鍋と冬の食卓で大活躍してくれます。クタクタに味が染みた白菜を食べると、冬を感じますよね。白菜は外側の葉がしっかりしているので炒め物などに、中間の葉は煮物や鍋などに、内側の葉は柔らかく甘みが強いのでサラダなどの生食向きです。

主役は変幻自在な白菜

白菜を選ぶポイントは3つ。
①持ったときにズシリと重い。
②葉が隙間なくぎっしり詰まっている。
③断面がなるべく平らで、盛り上がっていない。

表面に見かける黒い斑点は、白菜のポリフェノールが表に出たものです。味に大きな違いはありません。

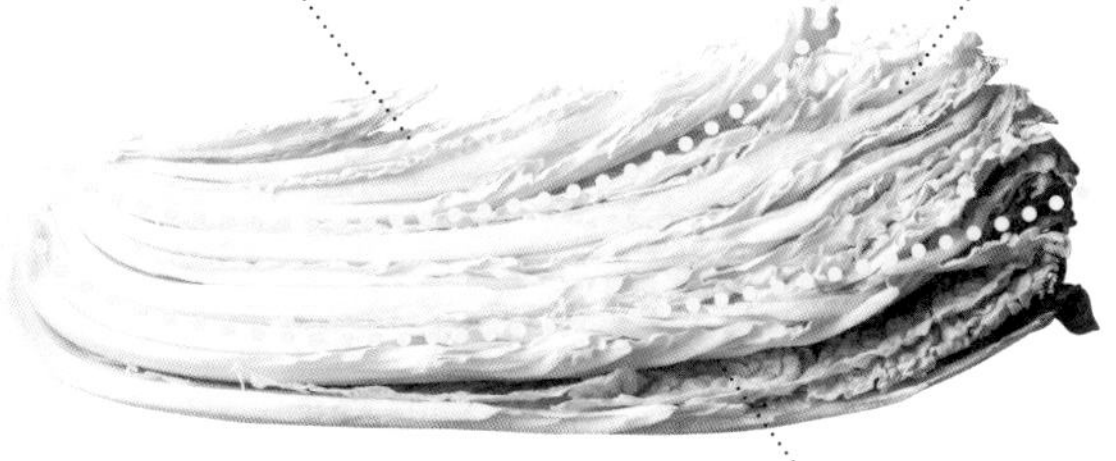
内側
サラダなど生食向き
中間
煮物や鍋向き
外側
炒め物向き

12

月

一汁

白菜と干し小エビのスープ

材料

干し小エビ…ひとつまみ
白菜（中間の葉）…2枚（お碗1杯に入る量）
塩…ひとつまみ

❶鍋に200㎖の水、干し小エビを入れ、中火にかける。その間に白菜を1㎝幅に切る。

❷沸騰したら白菜を入れ、火が通るまで2分半〜3分ほど加熱する。味見し、塩で味を調える。

1
日目

触りすぎるときのこから水分が出てしまうので注意

一菜

豆腐ときのこの炒め物

材料

木綿豆腐…½丁
しめじ…½パック
しいたけ…½パック
卵…1個
塩…適量
ごま油…大さじ1
醤油…小さじ1
かつお節…お好みの量

❶豆腐はレンジで水切りして、スプーンで一口サイズに崩す。しめじ、しいたけは食べやすいサイズに切る。卵は溶いて塩ひとつまみを加える。

❷フライパンにごま油を入れ中火で熱し、きのこに焼き色がしっかりつくまで2分置き焼き（25ページ参照）する。豆腐、塩ひとつまみ、醤油を加えてさらに2分置き焼きにする。

❸具材をフライパンの端に寄せ、卵を入れる。卵が半熟になったら他の具材と混ぜ合わせ、火を止める。最後にかつお節をのせる。

豆腐はキッチンペーパーに包み、耐熱容器に入れてレンジで2分ほど加熱して水切りする。火傷に注意

12
月

一汁

豆腐と卵のスープ

材料

卵…1個
顆粒鶏がらスープ…小さじ½
木綿豆腐…¼丁
塩…ひとつまみ

❶鍋に200㎖の湯を沸かす。その間に卵を溶いておく。
❷沸いたら顆粒鶏がらを入れ、豆腐は手でほぐしながら入れる。
❸再度沸いたら卵を2度に分けて入れる（35ページ参照）。塩で味を調える。

2週目の厚揚げで作る際は、崩さず食べやすいサイズに切る

がんばれない日はあんかけにせず、
炒めものとして食べましょう
あんかけはごはんと合わせるため、少し濃いめの味つけに

一菜

白菜、豚肉、しめじのあんかけ丼

材料

白菜（外側の葉）…3枚
しめじ…½パック
豚バラ肉…¼（約50ｇ）
片栗粉…大さじ1と½
ごま油…大さじ1
顆粒鶏がらスープ…小さじ½
塩…ふたつまみ
醤油…小さじ½
ごはん…茶碗1杯

❶白菜は葉と白い軸に分け、軸は細切りにし、葉はちぎる。しめじは食べやすいサイズにほぐす。豚肉は3㎝幅に切り、塩、胡椒少々（分量外）を加えて混ぜ、下味をつける。あんかけ用に水大さじ3と片栗粉を混ぜ、水溶き片栗粉を作っておく。

❷フライパンにごま油を入れ中火で豚肉を1分炒め、白菜の芯としめじを加えさらに2分炒める。全体的に火が通ったら水150㎖と白菜の葉を入れ、2分加熱する。

❸食材に火が通ったら、顆粒鶏がら、塩、醤油を入れる。水溶き片栗粉を加えながら加熱しとろみがついたらごはんにかける。

繊維に沿って切ることでシャキシャキとした食感になる

片栗粉は沸いているところに少しずつ加える

手間がかかると思われがちですが、材料を入れて火にかけたら放っておくだけ

一汁一菜

肉豆腐

材料

木綿豆腐…¼丁
白菜（中間の葉）…3枚
豚バラ肉…¾（約150g）
しいたけ…½パック
醤油…大さじ2
みりん…大さじ2
酒…大さじ1
塩…ひとつまみ

❶豆腐は水切り（107ページ参照）し、白菜、豚肉、しいたけは食べやすいサイズに切る。
❷鍋か深さのあるフライパンに水100㎖、醤油、みりん、酒、塩を入れて中火にかける。
❸沸騰したらすべての材料を入れ、蓋をして弱火で10分ほど煮る。全体に味が染みていたら完成。

豆腐以外の材料はできるだけ混ぜておくと均一に味が行き渡る

肉豆腐と白菜の応用

白菜と塩昆布の浅漬け

材料
白菜…約 100g
塩昆布…10g

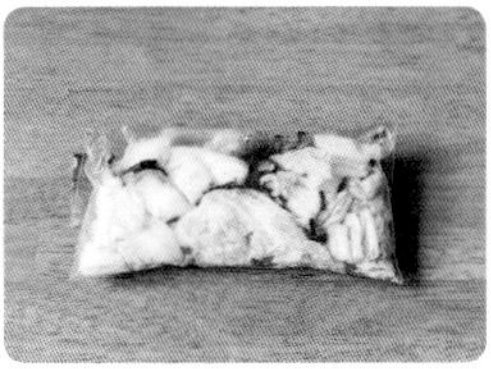

すべてを袋に入れて、揉み込む

白菜とツナのサラダ

材料
白菜…約 100g
ツナ缶…1 缶
オリーブオイル…大さじ 1
レモン果汁（または酢）…大さじ 1/2
塩…ひとつまみ

ボウルに 1cm幅に切った白菜と、水気を切ったツナ缶を入れる。オリーブオイル、レモン果汁（または酢）、塩を入れ混ぜ合わせ味を調える。お好みで胡椒をふる。

肉豆腐うどん

110 ページで余った肉豆腐に冷凍うどんなどお好きな麺を入れる。

冷凍麺なら解凍してから入れる

代用食材について

冷蔵庫にない……そんなときでも大丈夫

自炊は、冷蔵庫の残り食材と買い足す食材をテトリスのように組み合わせることの連続です。冷蔵庫にあると思っていた食材がなかった、うっかり買い忘れてしまったなんてことは日常茶飯事。でも、使いたかった食材の代替食材がわかっていればまったく問題なし。本来買うべき食材が高いときでも、お財布と相談しながら、手頃なものに切り替え可能です。

本書でも「2週目は食材を代替して作ってみてください」と提案しています。

このページでは、置き換え可能な食材についてご紹介します。

食感が似ているもの

ほうれん草

⇔

小松菜

いんげん

⇔

スナップエンドウ

じゃがいも

⇔

里芋

鶏ひき肉

⇔

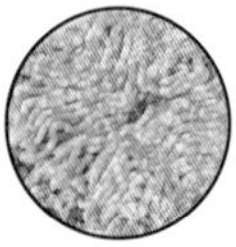
豚ひき肉

味が似ているもの

 ⇔ 

玉ねぎ　長ネギ

 ⇔ 

かぶ　大根

 ⇔ 

さつま揚げ　ちくわ

香りのあるもの同士

 ⇔ 

万能ネギ　三つ葉

 ⇔ 

大葉　ミョウガ

 ⇔ 

にんにく　生姜

きのこ同士

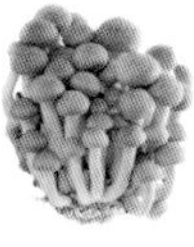 ⇔  ⇔ 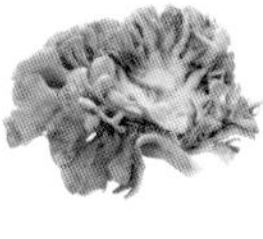 ⇔ 

しめじ　しいたけ　舞茸　えのき

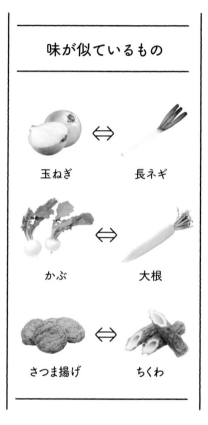

1月は、
大根

	一汁	一菜
1日目	 大根おろしと鶏肉のうどん	
2日目	 三つ葉とじゃがいもの味噌汁	＋  さつま揚げ、大根、三つ葉のサラダ
3日目	 さつま揚げと大根の皮の味噌汁	＋  大根と鶏肉の煮物
2週目以降	三つ葉を万能ねぎに、さつま揚げをちくわに代える。	 

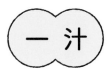

1月の食材

◎旬の食材

大根…500g（上半分がよい）

三つ葉…1束

◎その他の食材

鶏もも肉…1枚（約300g）

さつま揚げ…1パック

冷凍うどん…1玉

じゃがいも…1個

かつお節

ごま

◎＋αの調味料

めんつゆ（3倍濃縮）

今月は大根が主役です。白菜に並ぶ冬野菜の定番ですね。

大根は栄養たっぷりで、特に消化を助ける酵素が豊富に含まれています。上・中・下の各部位で味が異なり、上の部分は甘くて水分量が多いので、サラダなどに向いています。

中央部分は円柱のようにサイズが安定しているうえに固いので、煮物に向いています。

主役は使い勝手のいい大根

下の部分は辛みが強く、味噌汁など火を通す料理に向いています。

大根を選ぶポイントは3つ。

①ずっしりと重みがある。

②くぼみ（ひげ根の生え際）が写真のようにまっすぐに並んでいる。

③色が白くて、皮のきめが細かく、傷が少ない。

今回はサラダも作るので、できれば上半分を買いましょう。

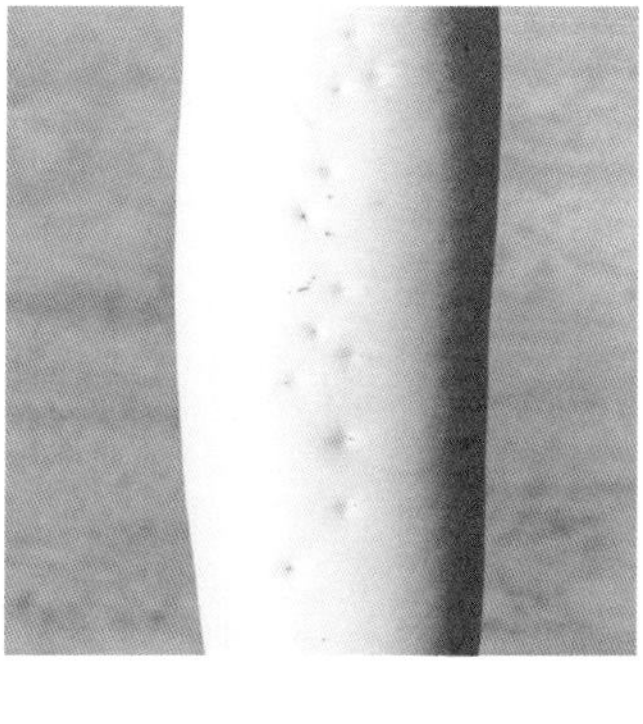

一汁一菜

大根おろしと鶏肉のうどん

材料

だし…300㎖
大根…1/5
鶏もも肉…1/3（約100g／皮も）
三つ葉…1/3束
冷凍うどん…1玉（お好きな麺でよい）
めんつゆ…小さじ1
塩…ひとつまみ
ごま…お好みの量

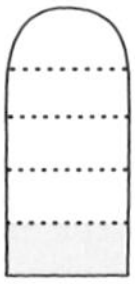

さっぱりした味つけなので、旨味が強いもも肉がおすすめだが、胸肉でもよい

❶鍋にだしを沸かす。大根はすりおろし、鶏肉は皮ごと一口大に、三つ葉は小口切りにする。冷凍うどんは袋に記載されている時間レンジで加熱する。
❷沸騰したら大根おろし（汁ごと）と鶏肉を入れ中火で5分煮る。
❸めんつゆ、塩、うどんを入れて1分煮る。器に盛り、三つ葉、ごまをのせる。

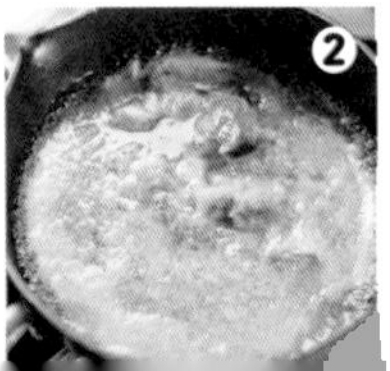

大根おろしの応用

鶏肉のおろし煮

材料
鶏もも肉…300g
醤油…大さじ1と1/2
酒…大さじ1と1/2
大根…200g

鍋に一口大に切った鶏もも肉、醤油、酒、すりおろした大根を汁ごと入れて、蓋をし、弱火で10分ほど蒸し焼きにする。鶏肉に火が通ったら味見をし、足りなければ塩で味を調える。

冷凍からあげのおろし煮

材料
冷凍からあげ…4～5個
醤油…小さじ1/2
大根…100g

冷凍からあげは表示通りに解凍する。鍋に醤油とすりおろした大根を汁ごと入れて煮立て、からあげを加えて30秒～1分ほど煮ながらからあげに大根おろしを絡める。

1月

酸味を加えたければ酢を加える

一菜

さつま揚げ、大根、三つ葉のサラダ

材料

大根…1/5
さつま揚げ…2枚
三つ葉…1/3束
油…小さじ2
醤油…小さじ1
かつお節…適量

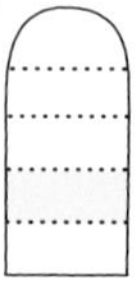

❶大根は3mm幅の細切りにする。さつま揚げは5mm幅に、三つ葉は4cm幅に切る。
❷具材をボウルに入れ、油、醤油を加えて和える。全体に調味料がまわったらかつお節、三つ葉を加える。

冷蔵庫で一晩置くと味が馴染んでくたっとした食感に変わる

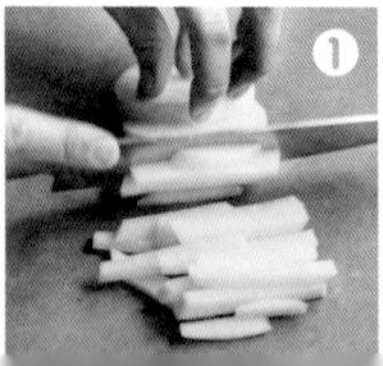

輪切りを並べて細切りに

一汁

三つ葉とじゃがいもの味噌汁

材料

じゃがいも…1個
だし…200㎖
三つ葉…1/3束
味噌…大さじ1

❶じゃがいもを1.5㎝幅のいちょう切りにする。耐熱容器にじゃがいもと水大さじ1を入れてラップし、2分ほど加熱する。その間、鍋にだし200㎖を入れて沸かす。
❷沸いたところにじゃがいもを入れて、1〜2分ほど加熱する。その間に三つ葉を食べやすいサイズに切る。じゃがいもが煮えたら火を止めて味噌を溶き、三つ葉をのせる。

1
月

一菜

大根と鶏肉の煮物

材料

大根…3/5

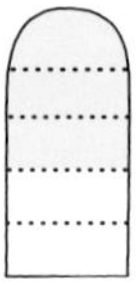

鶏もも肉…2/3(約200g)
油…大さじ1
醤油…大さじ2
みりん…大さじ2
酒…大さじ1

❶大根は皮をむき2㎝幅のいちょう切りに、鶏肉は一口大に切る。
❷鍋に油を敷き、皮目から鶏肉を中火で焼く。大根は耐熱容器に入れ大さじ1の水をかけ、ラップをしてレンジで2分加熱する。
❸鶏肉の表面に焼き目がついたら大根を入れ、水250㎖、醤油、みりん、酒を入れて弱火で15~20分煮込む。

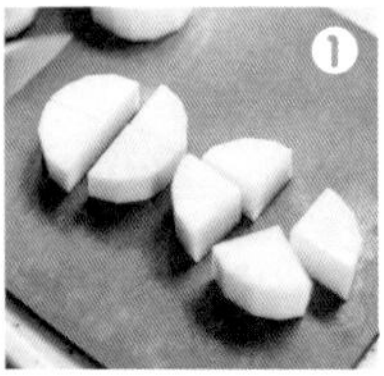

キッチンペーパーで
落し蓋をする

3
日目

一汁

さつま揚げと大根の皮の味噌汁

材料

だし…200㎖
さつま揚げ…1枚
大根の皮…122ページで余る分
味噌…大さじ1

余ったらそのままおかずになる

❶鍋にだしと一口サイズに切ったさつま揚げ、一菜で余る大根の皮を食べやすいサイズに切って入れ、中火にかける。
❷1分半〜2分ほど経ったら火を止めて味噌を溶き、三つ葉があればのせる。

2月は、にんじん じゃがいも 玉ねぎ

	一汁		一菜
1日目	 ほうれん草と干し小エビの 豆乳味噌汁	＋	 にんじんたらこ炒め
2日目	 豚汁	＋	 ほうれん草のおひたし
3日目	 有賀薫さんの にんじんの塩スープ	＋	 樋口直哉さんの 肉じゃが
2週目以降	ほうれん草を小松菜に、 たらこを明太子に代える。		 

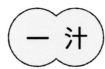

2月の食材

◎旬の食材
じゃがいも（メークイン）…4個
にんじん…2本
玉ねぎ…1個
ほうれん草…1束

◎その他の食材
豚バラ肉…150g
たらこ…1パック
無調整豆乳…200㎖パック
かつお節
干し小エビ

にんじん、じゃがいも、玉ねぎはどれも日持ちがよく冷蔵庫に常備している野菜です。にんじんは、淡白な色になりがちな冬の食卓に彩りを添えてくれる野菜。オレンジ色が濃いものを選びましょう。茎の切り口の軸の部分が小さいもののほうが、芯まで柔らかいですよ。じゃがいもは、生食以外すべての調理法で大活躍。大きく分けて2つの品種があります。男爵はげんこつのような形で、ホクホクした食感が楽しめる

主役は自炊の味方、にんじん・じゃがいも・玉ねぎ

のが特徴。ポテトサラダなど、潰して使う料理に向いています。もうひとつは楕円形で表面がつるんとしたメークイン。煮くずれしにくいので煮物向きです。今回はメークインを使います。選ぶときは、表面にシワがあるものや、芽が出ているものは選ばないようにしましょう。

玉ねぎはさまざまな料理に使え、味の土台を作ってくれる食材です。外皮に傷が少なくつやがあり、よく皮が乾燥しているものを選びましょう。持ったときにずっしりと重みを感じるのも選ぶときのポイントです。

2月

たらこの旨味とにんじんの甘さが絶妙にマッチ！

一菜

にんじんたらこ炒め

材料

にんじん…1本
油…大さじ1
たらこ…1本
酒…小さじ1
塩…適量

❶にんじんは36ページ同様に千切りにする。フライパンに油とにんじんを入れ、中火で3分ほど炒める。その間にスプーンでたらこの身をこそげ、酒を混ぜ合わせる。
❷にんじんに火が通ったらたらこを入れ、たらこが白っぽくなるまで炒める。たらこの塩気を考慮しながら、塩で味を調える。

たらこが余ったらごはんのお供にするか、2週目以降の復習に使える。薄皮を取り中身だけ冷凍しておけば、すぐ使える（自然解凍がおすすめ）

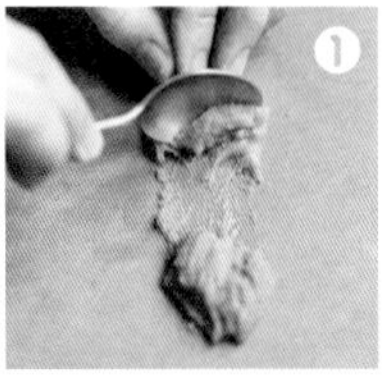

5㎜幅の薄切りを重ねて千切りに

1
日目

一汁

ほうれん草と干し小エビの豆乳味噌汁

もちろん豆乳なしで、そのまま味噌汁にしてもOK

材料

- 干し小エビ…ひとつまみ
- ほうれん草…⅓束
- 味噌…大さじ1
- 無調整豆乳…100㎖

洗い方は98ページへ

❶鍋に水100㎖と干し小エビを入れて沸かす。ほうれん草はラップに包みレンジで1分加熱後、水で冷やし、軽く絞って5㎝幅に切る。

❷沸騰したらほうれん草を入れ、再度沸騰したら弱火にして味噌を溶く。

❸豆乳を入れ、温まったら完成。

豆乳は沸騰させると分離するので注意

ほうれん草はアクがあるので先に火入れする。2週目の小松菜ならアクが少ないので、レンチンせずそのまま入れればOK

一菜

ほうれん草のおひたし

材料

ほうれん草…⅔束
醤油…小さじ2……めんつゆでもよい
かつお節…適量

❶ほうれん草は切らずにラップに包みレンジで2分加熱する。水に入れて冷やし、水気を絞って5㎝幅に切る。
❷醤油を和えて、かつお節をのせる。

2
日目

豚汁はお助け料理で、冷蔵庫に余っている端っこ野菜をすべてきざんで入れれば豚の旨味に包まれたおいしい汁物になってくれる

一汁

豚汁

材料

玉ねぎ…¼個
にんじん…⅓本
じゃがいも…1個
豚バラ肉…⅓（約50g）
油…小さじ½
味噌…大さじ1

❶玉ねぎ、にんじんは5㎜幅の薄切りにする。じゃがいもは皮をむき1.5㎝幅のいちょう切りにする。豚バラ肉は3㎝幅に切る。にんじんとじゃがいもは耐熱容器に入れて、水大さじ1を加えてラップをし、レンジで2分加熱する。
❷鍋に油、玉ねぎ、豚肉を入れ中火で2分ほど炒める。玉ねぎがくたっとしてきたら水200㎖とにんじん、じゃがいもを入れ、沸騰したら弱火にし、6～7分ほど煮込む。
❸全体に火が通ったら、火を止めて味噌を溶く。

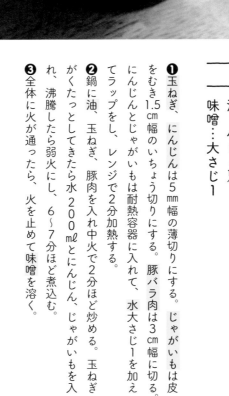

2月

一菜

樋口直哉さんの肉じゃが

材料

じゃがいも…3個
玉ねぎ…¾個
豚バラ肉…⅔（約100g）
みりん…大さじ2
醤油…大さじ1と½

❶じゃがいもは3㎝に、玉ねぎは繊維を断つように7㎜幅に切る。
❷鍋に玉ねぎと豚肉を入れ、中火で4分炒める。焦げ目がついてきたら、じゃがいも、水250㎖、みりん、醤油を入れる。
❸沸いたら弱火にして20分煮る。火を止めて10分放置して完成。

表面に浮いているアクはとる必要なし

一汁

有賀薫さんの にんじんの塩スープ

材料

にんじん…⅔本
オリーブオイル…小さじ1
塩…ふたつまみ（約2g）

❶にんじんは皮をむき、8㎜ほどの輪切りにする。皮は捨てずにとっておく。
❷鍋ににんじん、オリーブオイル、塩と水100㎖を加えてざっと混ぜ、片隅に皮も入れ、中火で10〜12分蓋をして煮る。途中ふたを開け、水が減っていたら補う。
❸にんじんが柔らかくなったら皮を取り出し、水150㎖を足して温め、足りなければ塩で味を調える。

3月は、
キャベツ

	一汁		一菜
1日目	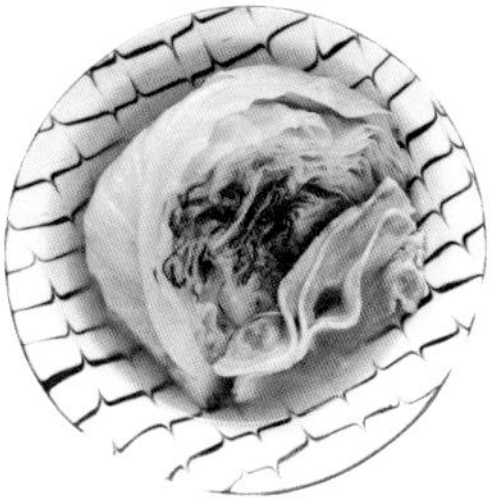 有賀薫さんの 焦がしキャベツのスープ	＋	 ブロッコリーとしらすの にんにく炒め
2日目	 ブロッコリーと鶏肉の 豆乳スープ	＋	 キャベツのしらす和え
3日目	 焼きブロッコリーと ベーコンのスープ	＋	 飯島奈美さんの 鶏じゃが
2週目以降	ブロッコリーを菜の花に、 ベーコンをウインナーに代える。		

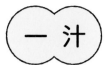

3月の食材

◎旬の食材
キャベツ…½玉
ブロッコリー…1個

◎その他の食材
じゃがいも（男爵）…2個
鶏もも肉…1枚（約300g）
ハーフベーコン…1パック
しらす…1パック
無調整豆乳…200mℓパック

◎＋αの調味料
にんにくチューブ
めんつゆ（3倍濃縮）

年中手に入り、値段も手頃でさまざまな料理に使えるキャベツ。冬と春の間の3月は一般的な葉を堅く巻いた冬キャベツと、葉の巻きがゆるく柔らかい春キャベツのどちらも出回るシーズンです。

今回は冬キャベツで作っていますが、春キャベツでももちろんおいしく作れます。

冬キャベツを選ぶときのポイントは2つ。

主役は甘みがつまったキャベツ

①持ったときにずしりと重みがある。
②切り口が新しくみずみずしい新鮮なもの。
巻きがゆるやかな春キャベツは緑が濃く、葉につやがあるものを選びましょう。

春キャベツは葉のまきがゆるく、やや縦長

一汁

有賀薫さんの焦がしキャベツのスープ

材料

キャベツ…1/3
油…大さじ1
ベーコン…2枚
塩…小さじ1/2

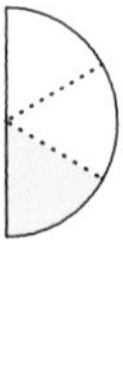

❶キャベツは右図のように1/3の大きさにくし切りにして、葉がばらけないよう楊枝を刺しておく。

❷鍋に油を熱し、キャベツに焦げ目がつくまで中火で3〜4分焼く。キャベツの脇にベーコンを加え、裏面も同様に焦げ目がつくまで焼く。

❸水300㎖と塩を加える。沸騰したら弱火にし、蓋をして15分ほど煮る。柔らかくなったら塩で味を調節する。

お好みで胡椒をふる

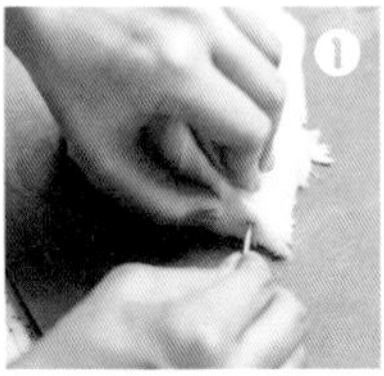

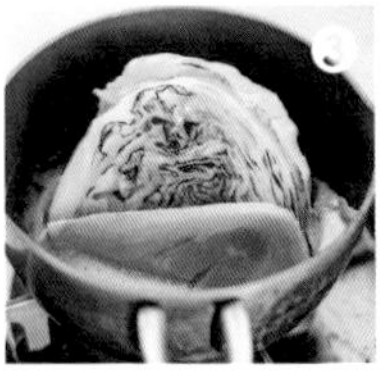

1
日目

お好みで胡椒をふる

一菜 ブロッコリーとしらすのにんにく炒め

材料

ブロッコリー…1個
オリーブオイル…大さじ2
にんにくチューブ…2cm
しらす…½パック
塩…ひとつまみ

ここで使うのは½個だがまとめて下ゆでする

❶ブロッコリーをゆでる湯を沸かす。ブロッコリーは小さい房に切り分け、芯は一口大に切る。沸騰した湯で2分ゆで冷水で冷ます（レンジで2分加熱してもよい）。今回は全体量の½を使い、残りは保存する。

❷フライパンにオリーブオイル、にんにくチューブ、水気を切ったブロッコリーを入れ中火にかける。1分おきに面をひっくり返し、2分ほど焼く。

❸しらすを入れ1分ほど炒め、塩を入れる。

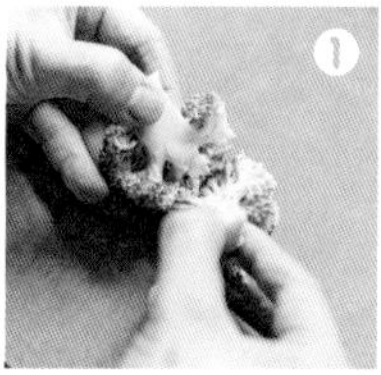

①

房の根本から切り離し、大きければ途中まで包丁を入れて手でさくと、つぼみがボロボロにならない

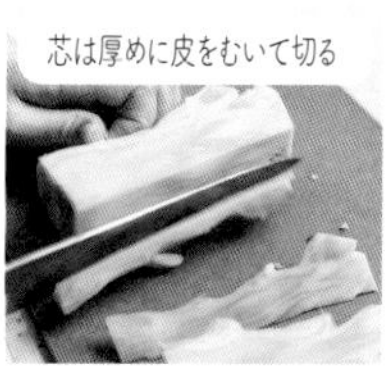

芯は厚めに皮をむいて切る

②

菜の花なら、ゆで時間は1分半～2分、レンジも同様

3月

一菜

キャベツのしらす和え

材料

キャベツ…1/3

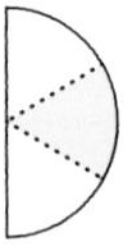

しらす…1/2パック

油…大さじ1

めんつゆ…大さじ1

醤油でもよい

❶キャベツは一口サイズに切るか手でちぎり、芯は包丁で薄切りにする。耐熱容器に入れラップをして3〜4分ほどレンジで加熱する。

❷ボウルにキャベツ、しらす、油、めんつゆを入れ和える。

しらすの塩気を考慮しながら少しずつ味つけする

2
日目

一汁

ブロッコリーと鶏肉の豆乳スープ

材料

鶏もも肉…⅓(約100g)
オリーブオイル…小さじ1
ゆでブロッコリー…¼個
塩…ひとつまみ
無調整豆乳…100㎖

❶鶏もも肉は2㎝角に切る。鍋にオリーブオイル、鶏もも肉を入れ、中火にかける。
❷2分ほど炒め、鶏肉に焼き色がついたら水100㎖を加えて沸騰させる。
❸沸いたところにブロッコリー、塩、豆乳を入れ、温まったら完成。

牛乳でもOK

仕上げにオリーブオイルを足してもおいしい

一菜

飯島奈美さんの鶏じゃが

材料

鶏もも肉…⅔（約200g）
じゃがいも…2個
キャベツ…⅓
塩…適量
オリーブオイル…小さじ2
胡椒…適量

❶鶏もも肉は一口大に切り、塩小さじ½をふる。じゃがいもは一口サイズに切って5分水にさらす。キャベツはざく切りにする。
❷熱した鍋にオリーブオイルを入れ、鶏肉の皮目を下にして中火で焼く。焼き目がついたら、じゃがいも、キャベツの順に重ねて入れる。
❸水100㎖を入れて蓋をし、中火で10～15分、じゃがいもにスッと箸が刺さるまで煮る。
❹蓋を取り水分を飛ばすようにさらに3～5分煮て、適宜塩、胡椒で味を調える。煮汁を具材にからめて盛り付ける。

3
日目

一汁

焼きブロッコリーとベーコンのスープ

材料

オリーブオイル…小さじ½
ゆでブロッコリー…¼個
ベーコン…3枚
塩…ひとつまみ

❶鍋にオリーブオイルとブロッコリーを入れ、中火で加熱する。その間にベーコンを食べやすいサイズに切る。
❷2分ほど置き焼き（25ページ参照）し、ブロッコリーに焼き目がついたら、ベーコンと水200㎖を入れる。沸騰したら塩で味を調える。

調味料について

少しのこだわりでグンとおいしくなる

調味料は基本の「さしすせそ」に始まり、みりんや清酒、だし類など品目が多く、塩ひとつとってもたくさんの種類が売っていて、どれを買っていいか迷ってしまいますよね。

せっかくですから、これから新しく買い足す際は今までより質のいいものを選んでみませんか。調味料の質がいいと、おいしく仕上がる確率はグッと高くなります。

けれど、すべて質が高い調味料をそろえようとすると、ちょっといい食料品店や百貨店でないと見つからないのもまた事実。ですので、基本的には実家で使っていた馴染みのあるものを使い、好きな調味料はちょっといいものを買ってみるのがいいと思います。

このページでは、本書で使っている調味料とその選び方についてご紹介しますが、すべてがんばってそろえようとせず、まずは気になったものから手に取ってみてください。

さしすせそ

さ　砂糖

上白糖が一般的ですが、本書ではきび砂糖を使っています。きび砂糖はミネラル豊富で味も柔らかく、コクがあります。

し　塩

塩は天然塩を選びましょう。粒が細かな海塩がいいです。小さじ1は5g。食塩（精製塩）を使う場合は、小さじ1が6gなので、少なめに加減してください。

その他

◎胡椒

香りが命なので、ペッパーミルに入ったものがベスト。わざわざミルを買わなくても、ミルに入った粒胡椒が輸入食品店などに売っています。本書の胡椒はすべて黒胡椒を使っています。

◎酒

「料理酒」と書いてあるものはおおむね2％前後の塩分が含まれています。若干値段は上がりますが、酒コーナーに売っている米と米麹だけで作った清酒（日本酒）を使うこ

す 酢

米酢か穀物酢がおすすめです。米酢は香りがよく、サラダや和え物に向いています。酢は火入れすると香りが飛んでしまうので煮物に使うことが多い人は、穀物酢（トウモロコシや小麦が原料）を使うとよいでしょう。本書では和え物に使うことが多いので、米酢を使っています。

せ 醤油

一般的にレシピ本にある「醤油」とは「濃口醤油」のこと。薄口醤油は名前と相反して塩分は濃いので要注意です。容器が柔らかいものの方が量を調整しやすくおすすめです。

そ 味噌

米味噌がノーマルな味でおすすめ。だし入り味噌は、食材に合わせた味の調整が難しいため、できればだしと味噌は分けてください。

選ぶ際の基準は、材料が「大豆、米、食塩」だけのシンプルなもの。発酵の働きを抑える「酒精」の入っていないものがいいでしょう。

とをおすすめします。本書は清酒を使っているので、料理酒を使う場合は塩分を調整してください。

◎だし類

だしパックや顆粒だしは、できるだけ無塩のものを選びましょう。味噌にも塩が入っているので、だしにも入っていると塩辛くなってしまいます。本書では無塩の顆粒昆布だしを使っています。加塩のだしを使う場合は塩分を調整してください。また、コンソメや鶏がらは、キューブやペーストではなく顆粒のほうが量が調整しやすくておすすめです。

◎油

最初はごま油とオリーブオイルをそろえましょう。買い足すなら、米油やサラダ油などクセのない油があると便利です。油だけはちょっといいものを買うと、仕上がりが全然違います。

◎みりん

本みりんであればＯＫ。みりん風調味料は本来のみりんの役割（煮崩れ防止、肉・魚の臭み消しなど）を担ってくれないので、本みりんがおすすめ。

◎めんつゆ

煮物、炒め物、汁物、和え物など様々な料理の味を一発で決めてくれる自炊の味方。便利な反面、なんでもめんつゆ味になってしまうので、いろんな調味料と合わせてみるといいでしょう。本書ではかつお節と昆布を使った3倍濃縮タイプを使っています。

おわりに

みなさんはじめまして。元・料理ができない男の子こと平野です。

週3レシピは、自炊ができるようになりたいけどその方法がわからない、と僕が嘆いたことで始まりました。

山口さんに教えてもらってよかったことは、自炊って自由で気楽でいいと気づけたことです。ちょっとミスしても、量が多くても気にしなくていい。自分がおいしいと思えたなら、それは自分にとっての正解なのです。

自炊は、自分の命を自分でお世話できるということです。しかもすぐにフィードバックが得られ、満腹になれます。忙しい日々の中で週3でも自炊の時間を作ることは、命の手綱を自分の元にたぐり寄せるようなものだと思います。

僕は、週3レシピを通して料理ができるようになったと胸を張って言えます。次は、この本を読んだあなたが、料理ができるようになったと言う番です。ぜひその声を聞かせてください。

平野太一

おわりに

私が料理を始めたきっかけは7歳の頃。

ある日、朝から疲れた顔をした母は私に向かってこう言いました。

「ゆかちゃんが夜ごはん作らないと、今晩のごはんないの。作れる？」

仕事で大忙しの母は「娘に料理役を担ってもらったらいいのでは？」と思いつき、私にそう提案したのです。

母の優しい脅しに驚きつつも、まずはやってみることに。


最初の料理は、母の指示に従いながらうどんを作りました。鍋に湯を沸かし、野菜を切って入れる。具材に火が通ったらうどんを入れ、最後に味を整える。

自分で作った初めての野菜うどんは、今まで食べたどの料理よりもおいしく感じられました。作るのが楽しいうえに、食べることもできる「料理」は、食いしん坊の私にとって、これ以上ない趣味になりました。


ときは経ち、とある食事会で料理が苦手だと話す平野くんに出会いました。仕事が忙しいけれど、料理してみたい気持ちがあるなら、ぜひ教えたいと思い「週3レシピ」は始まりました。私は料理担当、平野くんは撮影&試食担当として毎月noteでレシピを発表してきました。

私が料理を作っているあいだ、平野くんは写真を撮りながら「この切り方は面倒臭い。ほかの切り方ない？」「初心者にこの工程はハードル高いよ」など、厳しいツッコミを入れるのです。彼の意見を反映させながら、野菜の切り方を変えたり、工程を省いて初心者でも気軽にできる料理に調整していきました。

平野くんは毎月の週3レシピを実践し、料理の腕を上げていきました。週3レシピを始めてから半年経った頃には、食材を見たときに「こんな料理が作れそう」「こんなアレンジができそう」と思いつくようになっていて、彼ははっきりと「料理できるようになった」と言ってくれたのです。


ひとりの人間が料理できるようになった。

ただそれだけのことなのですが、料理をする力が芽生え、植物のように少しずつ育っていくことを、本当に嬉しく感じました。


そしていろんな縁が重なり、週3レシピが書籍化することになりました。私と同じ若い世代に向けて、外食や買い食いも大いに楽しみながら、自分の料理に戻ってくる人が一人でも増えたらいいなという思いで、この本を作りました。

再び平野くんと相談をしながら、食材が使い切れて、シンプルな工程で、疲れた日でも作れる簡単な料理から、残り野菜を食べ切るほどほどにおいしい料理まで、この本にぎゅっと詰め込みました。

撮影後に試食しながら、平野くんと「やっぱり、週3レシピの料理は何度食べてもおいしいね」と言って、一緒に本を作り上げました。

この本と出会ったあなたにとって、自分で作って食べることが心地よく生活するためのよい手段になったら、これほど嬉しいことはありません。

最後に。自炊は、手抜き、ズボラ上等です。仕事を頑張って、自分のこと食わせて生きているのですから、それで十分。「今日は作れた、私えらい！」「おいしくできて、天才！」くらいの言葉を毎日言い聞かせてくださいね。

本を一緒に作ってくださった方々と、食いしん坊に育ててくれた両親に心から感謝を込めて。

2020年2月　山口 祐加

素材INDEX

山口祐加（やまぐち ゆか）

自炊料理家、食のライター。共働きで多忙な母より「ゆかちゃんが夜ご飯作らないと、今晩のごはんないの。作れる?」と優しい脅しを受けて、7歳の頃から料理に親しむ。出版社、食のPR会社を経て2018年4月よりフリーランスに。日常の食を楽しく、心地よくするために普段は一汁一菜を作り、ハレの日は小さくて強い店を開拓する。料理初心者に向けた対面レッスン「自炊レッスン」や、セミナー、出張社食、執筆業、動画配信などを通し、自炊する人を増やすために幅広く活躍中。好物は味噌汁。

Twitter / Instagram / note @yucca88

出典

p94、95 —— 白ごはん.com（https://www.sirogohan.com/）

p132 ——— 樋口直哉（https://note.com/travelingfoodlab/n/n5177e653f870）

p133、138 – 有賀 薫（『スープレッスン』プレジデント社）

p142 ——— 飯島奈美（『ワインがおいしいフレンチごはん』共著、リトルモア）

※食材を使い切りながらも元レシピの味を再現できるように、食材や調味料の量を調整させていただきました。

Special Thanks

試作に協力してくださった自炊レッスン参加者の皆様

家《いえ》ごはんはこれくらいがちょうどいい。

週《しゅう》3レシピ

2020年4月1日　初版第1刷発行
2023年7月14日　初版第2刷発行

著　者——山口祐加《やまぐちゆか》

発行者 ———岩野裕一
発行所 ———株式会社実業之日本社
〒107-0062
東京都港区南青山6-6-22　emergence 2
電話（編集）03-6809-0452
（販売）03-6809-0495
https://www.j-n.co.jp/
印刷・製本——大日本印刷株式会社

写真 ————平野太一
イラスト———Seiji Matsumoto
デザイン———藤田康平（Barber）
DTP————白井裕美子
レシピ校正——樋口直哉
編集協力———鈴木 優（著者代理人 / 日本ユニ・エージェンシー）
写真協力———土田 凌（著者写真）
Adobe Stock（p19、29、39、51、61、71、83、93、103、112、113、115、125、135）
PIXTA（p137）
編集————杉山亜沙美（実業之日本社）

ISBN 978-4-408-33904-7（新企画）